Thomas Müller

Innere Armut

VS RESEARCH

Thomas Müller

Innere Armut

Kinder und Jugendliche
zwischen Mangel
und Überfluss

VS RESEARCH

Bibliografische Information Der Deutschen Nationalbibliothek
Die Deutsche Nationalbibliothek verzeichnet diese Publikation in der
Deutschen Nationalbibliografie; detaillierte bibliografische Daten sind im Internet über
<http://dnb.d-nb.de> abrufbar.

1. Auflage 2008

Alle Rechte vorbehalten
© VS Verlag für Sozialwissenschaften | GWV Fachverlage GmbH, Wiesbaden 2008

Lektorat: Christina M. Brian / Britta Göhrisch-Radmacher

Der VS Verlag für Sozialwissenschaften ist ein Unternehmen von Springer Science+Business Media.
www.vs-verlag.de

Umschlaggestaltung: KünkelLopka Medienentwicklung, Heidelberg
Satz: Leonetta Leopardi
Gedruckt auf säurefreiem und chlorfrei gebleichtem Papier
Printed in Germany

ISBN 978-3-531-15862-4

„Neue große Nöte bedürfen neuer mutiger Gedanken."

Pastor Friedrich von Bodelschwingh, 1904

Inhaltsverzeichnis

1 Einleitung

Auf immer

Ohne Ungeduld will ich träumen,
mich dieser Arbeit hingeben,
die niemals enden kann.
Und nach und nach, über den
wiedergeborenen Armen
öffnen sich wieder die hilfreichen Hände.
In ihre Höhlen
kehren die Augen zurück und leuchten.
Und plötzlich, unversehrt,
bist du auferstanden. Und wie sonst
wird deine Stimme mich führen.
Auf immer sehe ich dich wieder.

Hilde Domin

Prozesse lassen sich als Ausgangspunkt aller Dinge und Situationen bezeichnen. Aus ihnen gebiert sich Neues und in ihnen wandelt sich Vorhandenes. Produkte, Phänomene und Ergebnisse relativieren sich in ihrer Konkretheit wie Offensichtlichkeit angesichts ihrer Entstehungsgeschichten. Doch nicht nur Dinge und Situationen wandeln sich, sondern auch die Begriffe, mit denen sich beschreiben lässt, was man vorfindet oder vorzufinden glaubt. Ein Prozessbegriff der besonderen Art ist ,Armut'. Dabei kann man feststellen, dass dieser Begriff im Allgemeinen eher als ein Phänomen und als eine das Leben charakterisierende sowie vielfältige Assoziationen hervorrufende Lebensbeschreibung verwendet wird.

Als Prozessbegriff lässt sich Armut dann verstehen, wenn man die Entwicklungen und Veränderungen von Menschen und ihren Lebenslagen betrachtet, die zu einem gewissen Zeitpunkt von einer bestimmten Perspektive aus als arm bezeichnet werden. Durch das Wählen eines solchen Ausschnittes der Betrachtung, ist aber die Gefahr eines erneut produktorientierten und damit eher statisch zu bezeichnenden Armutsbegriffs groß.

Das Prozesshafte dagegen ist meist nicht sofort zu erkennen, liegt oft im Verborgenen, im Inneren, aus dem heraus sich etwas gebären, wandeln oder dynamisieren kann.

So scheint es lohnend, einen Blick in das Innere der Armut zu wagen, um zu Innenansichten von Prozessen und Phänomenen zu gelangen, aus denen heraus sich das scheinbar Offensichtliche neu zeigen kann. Doch was ist das scheinbar Offensichtliche im Zusammenhang mit ‚innerer Armut'?

Mit den politischen Diskussionen um sozialstaatliche Reformen geisterte unlängst der Begriff der ‚inneren Armut' durch die Medien (vgl. Gaschke 2000), der sich auf die psychosozialen Folgen materieller Armut bezog. Sozialpolitik und auch Soziologie befassen sich schon seit geraumer Zeit mit Armut, während sich die Pädagogik bislang eher am Rande mit dieser vielschichtigen Thematik auseinander gesetzt hat. Auch wenn in den letzten Jahren das Forschungsinteresse, besonders der Sozial-, Heil- und Sonderpädagogik, um einiges angestiegen ist, so macht die Armutsforschung im pädagogischen Feld immer noch einen geringen Anteil aus – zumindest im Vergleich zu manch ideologisch oder scheinparadigmatisch aufgeblasener Debatte.

Während sich also Teile der pädagogischen Wissenschaften der Armut, der Kinderarmut sowie den Möglichkeiten ihrer Bewältigung zunehmend intensiver widmet, so ist ‚innere Armut' bislang höchstens unter dem Begriff ‚psychosoziale Folgen' subsumiert. Das erstaunt umso mehr, wenn man bedenkt, welche Bedeutung Lehrer in einer Befragung zur Wahrnehmung von Kinderarmut Aspekten einer ‚inneren Armut' beimaßen (vgl. Müller 2005).

Ein Buch über ,innere Armut' zu schreiben, ist ein gefährliches Unterfangen, weil es auf den ersten Blick vorgibt zu wissen, um was es sich dabei handelt. Es läuft immer Gefahr, vorschnell Zuschreibungen zu machen, die sich im Allgemeinen wie im Speziellen nicht halten lassen. Letztlich sind alle Beschreibungs- wie auch Erklärungsversuche in ihren Ausgangs- wie Endpunkten das Ergebnis einer Differenz und zugleich einer Fremdwahrnehmung. Wer vorgibt zu wissen, was ,innere Armut' ist, der kennt einen zumindest subjektiv zu verstehenden inneren Reichtum und kann diese nur in Differenz davon ausmachen und beschreiben.

Neben der Gefahr von vorschnellen Zuschreibungen ergibt sich noch ein zweites Risiko. Die Verwendung des Begriffs ,innere Armut' ist aus wissenschaftlicher Sicht kritisch zu betrachten. Ein Begriff, von dem man nicht genau weiß, was sich hinter ihm verbirgt bzw. was er bezeichnet, entzieht sich möglicherweise einer wissenschaftlich haltbaren Überprüfung. Umgekehrt ist es faszinierend, mit einem Begriff zu arbeiten, der einerseits geeignet ist, bei sehr vielen Lesern vielfältige Assoziationen auszulösen und der andererseits dennoch in seinen Konturen zu verschwimmen droht. Dass der Begriff der ,inneren Armut' in dieser wissenschaftlichen Arbeit trotzdem verwendet wird, hat auch damit zu tun, „dass man, um zu neuen Erkenntnissen zu gelangen, genau das tun muss: Grenzen überspringen. Nicht nur Grenzen des bisherigen Denkens, also der bisher zugrunde gelegten Vorstellungen (der inneren Bilder) davon, was als wissenschaftlich betrachtet wird, sondern auch all jene Grenzen, die zwischen den unterschiedlichen Wissenschaftsdisziplinen entstanden sind und den Austausch von Erkenntnissen verhindern" (Hüther 2006, 17).

Dieses Buch befasst sich daher mit ,innerer Armut' auf zwei grundsätzlich verschiedenen und dennoch miteinander verwobenen Ebenen:

Zum einen versucht es Prozesse zu veranschaulichen, die dazu führen können, dass Kinder und Jugendliche innerlich arm werden, dass sie verarmen. Denn ,innere Armut' ist allem Anschein nach nichts wirklich Faktisches, das sich durch Definitionen festzurren ließe und der auf diese Art und Weise näher zu kommen wäre. Bewegte man sich nur auf der

Ebene des scheinbar Faktischen, entstünde die Gefahr einer Objektivierung von Lebenserfahrungen und Einzelschicksalen. Dies zöge auch eine Objektivierung von je ganz individuellen, existentiellen Lebensgeschichten mit sich und schaffte am Ende eher Distanz als Nähe. Armut wie Reichtum stellen eben keinen Status Quo dar, sondern werden ganz unterschiedlich erfahren, erlebt, bewältigt oder auch gestaltet. Die Veranschaulichung dieses Werdens geschieht auch in dem Bewusstsein, dass der beschreibende und bisweilen zu Erklärungen und Interpretationen drängende Charakter von Sprache bereits eine Form der Objektivierung und Distanzierung mit sich bringt.

Zum anderen versucht dieses Buch ‚innerer Armut' auf die Spur zu kommen, indem es sich Phänomenen widmet, die mit ihr in Verbindung stehen können. ‚Innere Armut' selbst kann auch als Phänomen betrachtet werden, das Aspekte in sich birgt, die einerseits im Zusammenhang mit materieller Armut stehen können, dies aber nicht automatisch müssen. Ohne ‚innere Armut' zum Ergebnis einer soziologischen, pädagogischen oder sozialpolitischen Konstruktion werden zu lassen, kann sie andererseits auch Ergebnis gesellschaftlicher Entwicklungen sein oder ist bei Kindern und Jugendlichen zu finden, die in großem materiellem Reichtum leben. ‚Innere Armut' kann auch als ein Phänomen gelten, das exemplarisch für das Aufwachsen in postmodernen Gesellschaftsformen steht (vgl. 2.1).

‚Innere Armut' ist nicht einfach sichtbar und wird von denen, die mit ihr leben, möglicherweise weniger stark empfunden als die äußere Armut, die in ihrer Konkretheit viel fassbarer und damit stärker wahrnehmbar ist; beispielsweise in Form von Hunger, von fehlender Kleidung oder beengten Wohnverhältnissen. Ganz unbestimmt ausgedrückt, hat ‚innere Armut' etwas mit einem Zustandsverhältnis von Leib, Geist und Seele zu tun, das sich stets ganz unterschiedlich darstellt.

Gleichzeitig gilt es deutlich zu machen, dass es nicht (nur) um das Innenleben von Kindern und Jugendlichen geht, die in materieller Armut leben. Es gibt kein natürliches Verhältnis zwischen äußerer und ‚innerer'

Armut. ‚Innere Armut‘ findet sich durchaus auch bei Kindern und Jugendlichen, die in großem materiellem Reichtum leben. Manche der folgenden Aussagen und Annäherungsversuche gelten sicherlich für Kinder und Jugendliche in materieller Armut stärker als für andere, sowie dies auch umgekehrt der Fall sein kann.

Das Innere ist Teil des Verborgenen, nicht des Offensichtlichen und Messbaren. Das macht es bisweilen schwierig, trennscharf zu formulieren. Zudem fordert es dazu auf, aus wissenschaftlicher Perspektive wie pädagogischem Anliegen heraus, sprachlich ‚vorsichtig‘ und eher ‚verhalten‘ zu bleiben.

Der 2007 erschienene UNICEF-Bericht zur Situation von Kindern in Industrieländern, versucht erstmals, die bislang einseitige Schwerpunktsetzung der Forschung auf die materielle Dimension von Armut zu überwinden. Interessanterweise konnte nachgewiesen werden, dass es überhaupt keinen klaren Zusammenhang zwischen dem Bruttosozialprodukt pro Kopf und der Situation von Kindern gibt. Armut ist also weitaus mehr, als die materielle Not von Kindern und Jugendlichen in sozial bedrängenden Lebenslagen.

> „UNICEF betont in der Untersuchung, dass die finanzielle Situation allein nicht ausreicht, um die Situation der Kinder zu beurteilen. So ist zwar richtig, dass Kinder in den reichen Ländern Armut vor allem über Ausgrenzung und den Vergleich mit Kindern aus wohlhabenden Familien erfahren. Hierfür ist die relative Einkommensarmut eine Messgröße. Doch sie greift zum Beispiel zu kurz, wenn der alkoholabhängige und spielsüchtige Vater einer Familie zwar mehr als die Hälfte des Durchschnittseinkommens verdient – vom Einkommen aber für die Familie nichts übrig bleibt" (UNICEF 2007).

Zudem wird unter Rückgriff auf die Untersuchungen des Deutschen Instituts für Wirtschaftsforschung deutlich darauf hingewiesen, dass „Armut entweder als Problem einer kulturell verwahrlosten Unterschicht zu deuten oder als kollektive Abstiegsbedrohung der gesamten Gesellschaft zu dramatisieren" (Groh-Samberg 2007, 177) definitiv an der Realität vorbeigeht.

In einer Zeit, in der sich die wohlfahrts- und sozialstaatlichen Systeme der großen Industrienationen gewaltig wandeln, nimmt auch die Armut von Kindern und Jugendlichen rasant zu. Dass sie dabei als vielschichtig wahrgenommene, untersuchte und diskutierte Thematik eine „Wiedergeburt" im Sinne Hilde Domins (vgl. Gedicht zu der Beginn der Einleitung) erfahren könnte und sich so die „hilfreichen Hände öffnen" werden, scheint eher unwahrscheinlich. Vielmehr steigt die Zahl derer, die von sozialer Ausgrenzung und Diskriminierung betroffen sind. Und so erleben Kinder und Jugendliche Spielplätze verfallen und Jugendzentren geschlossen. Wohnungslose sehen sich aus öffentlichen Räumen wie Einkaufspassagen und Bahnhöfen verbannt, nicht aber „wiedergeboren" im Sinne einer gesellschaftlichen wie staatlichen Aufmerksamkeit und Würdigung ihrer Lebensläufe. Das erst würde dazu führen, dass ihre „Augen wieder leuchteten". Auch wenn das Gedicht von Hilde Domin aufgrund ihrer biografischen Situation sowie ihrer literarischen Intention vielleicht nicht so konkret gedeutet werden darf wie es hier geschehen ist, so weckt es dennoch Assoziationen, die dazu führen, „mich dieser Arbeit hin[zu]geben, die niemals enden kann".

2 Bewegungen

2.1 Von äußerer Armut zu ‚innerer Armut'

> „Siehe ich lebe. Woraus? Weder Kindheit noch Zukunft
> werden weniger..... Überzähliges Dasein
> entspringt mir im Herzen."
>
> *Rainer Maria Rilke*

Versucht man sich ‚innerer Armut' anzunähern, so gelingt dies relativ problemlos über das Phänomen der äußeren Armut, auch wenn sich aus Korrelationen keine Kausalitäten herstellen lassen. Das heißt, dass ‚innere Armut' nicht aus äußerer Armut erklärt werden kann und umgekehrt auch nicht. Es lassen sich aber durchaus Korrelationslinien, Anknüpfungspunkte wie auch Vernetzungen ausmachen, die genauer beschrieben werden können.

Zu äußerer Armut lässt sich all das zählen, was offensichtlich ist. Damit deutet sich bereits an, dass äußere Armut in ihrer Konkretheit eher einen Zustand darstellt, während ‚innere Armut' stärker mit Prozessen, Bewegungen und Veränderungen zu tun hat. Zur Konkretheit der äußeren Armut gehört an erster Stelle die materielle Armut, die sich durch einen Mangel an allem Möglichen zeigt: so fehlt beispielsweise ausreichend Wohnraum, ein eigenes Zimmer, ein eigener Schreibtisch oder ein eigenes Bett. Aber auch nicht vorhandene, der Jahreszeit angemessene Kleidung, schlechte Nahrungsmittel oder nur spärlichste Spielsachen zählt man zur materiellen Seite von Armut. Gleichzeitig kann man auch soziale Armut als äußere Form bezeichnen. Sie wird immer dann offensichtlich, wenn Kinder und Jugendliche an sozialen Situationen keinen Anteil mehr haben. So kann beispielsweise das Geld für den Schulausflug fehlen, eine Geburtstagseinladung von Freunden nicht wahrgenommen werden, weil das Geld für ein Geschenk nicht reicht oder die Wohnung nachmittags zum Spielen nicht verlassen werden, weil man auf jüngere Geschwister aufpassen muss u.ä. Wie kommt das?

Dass immer mehr Kinder und Jugendliche in den westlichen Industrienationen von Armut betroffen sind, ihr Leben in sozial bedrängten oder ausschließenden Formen leben müssen und sie dies auch zu ‚innerer Armut' führen kann, hat unter anderem mit dem so genannten „Ende der Eindeutigkeit" zu tun, von dem Zygmunt Bauman spricht (vgl. 2005): Es gibt in den westlichen Gesellschaften schon seit etlichen Jahren keine Eindeutigkeit der Lebensstile und –bedingungen, der Werte und Orientierungen oder der gesellschaftlichen Ordnungen und klassischen Lebensbiografien im Sinne von ‚Schule – Familie / Arbeit – Ruhestand' mehr. Das Ende der Eindeutigkeit meint, dass die westlichen Industriegesellschaften über die letzte Stufe der Aufklärung hinaus geschritten sind und begonnen haben, förmlich nach unten zu stürzen: „In der modernen Welt liegt bereits die innere Ordnungsstruktur des Menschen an sich in Trümmern" (Chitre 2006, 187).

Es scheint mehr als offensichtlich, „dass der Mensch sich nicht mehr in geschlossenen Definitionen des Daseins, wie sie Mythen und Traditionen lange Zeit abbildeten, stabil und langfristig vorfindet, sondern dass er im Zuge seiner Produktion auch um die Selbstproduktion des Sozialen wissen muss. ‚Es gibt keine Verortung des Menschen (mehr), er muss sich selbst verorten' (Meyer-Wolters 1992, 19)" (Böhmer 2005, 103). Fast alles ist im Zuge dieser Verortung erlaubt, es lässt sich kaum ein Tabu oder eine Grenze bei der Individualisierung von Lebensstilen und der Gestaltung von Lebensorten finden. Gleichzeitig ist es anscheinend immer weniger Menschen möglich, an diesen Freiheiten teilzuhaben. Alles ist erlaubt, wenig ist möglich, nichts eindeutig.

Wo es aber keine Eindeutigkeit gibt, gibt es auch nichts Festes, an dem oder an das man sich halten kann. Daher spricht Zygmunt Bauman von der „flüssigen Moderne" (vgl. 2005), in der Kinder und Jugendliche aufwachsen: ein Leben in Konsumgesellschaften, in denen menschliche Beziehungen oft stark vom Genuss bzw. vom Lustprinzip bestimmt werden und eine Zivilisation des Exzesses, des Überflüssigseins, des Abfalls und der Entsorgung von Abfall. Überflüssigsein, das heißt für Bauman, ein flüssiges Leben zu führen in einem Sinne, dass einen nichts oder nur sehr wenig hält, alle Lebensanstrengungen und -versuche in verschiedenste Richtungen zerfließen, um dann wie erkaltende Lava im Irgendwo zu erstarren. Das Fließende ist nur vorhanden im zerstörerischen Sinne eines tatsächlichen Überfließens und Zerfließens, des Uferlosen und Haltlosen. Das Leben zerrinnt. Kommt es dann zur Erstarrung, so bietet diese Starre keinen Halt, keine Lebensfestigkeit oder Orientierung, sondern führt zum Eintönigen, Gleichbleibenden, Rigiden, sich Wiederholenden, ohne einen Lebensrhythmus anzubieten. Die Bewohner der flüssigen Moderne haben sich demnach selbst entrhythmisiert und in die Postmoderne katapultiert.

In dieser flüssigen Moderne zeichnen sich Bauman zufolge zwei geradezu konträre Bedürfnisse des Menschen ab: zum einen will man in jenem ‚aufgewühlten Meer', in der großen Flüssigkeit, einen sicheren Hafen haben und nicht irgendwo hingetrieben werden. Zum anderen aber will man ungebunden und frei sein sowie über Spielräume verfügen. Dies bedeutet aber gleichzeitig, ‚Kapitän' auf dem Strom der fließenden Postmoderne sein zu müssen und Verantwortung für den eigenen ‚Kurs' zu übernehmen. Menschen, vor allem Kinder und Jugendliche, die in Formen materieller und sozialer Armut geraten sind oder in sie hineingeboren werden, erhalten aber gesellschaftlich kaum die Möglichkeit, vielfältig Verantwortung zu übernehmen. Nicht nur das Aufwachsen in beengten und reizarmen Verhältnissen, sondern in Deutschland auch und vor allem ein nach sozialem Status selektierendes Schulsystem, tragen maßgeblich dazu bei, dass es zu einer gesellschaftlichen Verantwortungsübernahme gar nicht kommen kann. Gleichzeitig darf diese in der flüssigen Moderne notwendige (Selbst)Verantwortung aber nicht zu einer Überforderung führen, die das Leben in Folge zum Stillstand statt zur Weiterentwicklung führt. Die materiellen, sozialen und emotionalen Situationen aber, denen Kinder und Jugendliche in Armut permanent ausgesetzt sind und derer sie sich oft nicht erwehren können, führen zu einer solchen Überforderung. Dies beginnt im ganz Kleinen und artikuliert sich überaus konkret: Wer beispielsweise keinen Platz, keine Unterstützung und keine Ruhe hat, um Hausaufgaben zu machen oder sich auf eine schulische Arbeit vorzubereiten, ist mit dem, was in der Schule verlangt wird, überfordert. Wer jeden Nachmittag auf seine Geschwister aufpassen muss, und damit schon in jungen Jahren einen Teil der Elternrolle übernimmt, gerät in Überforderungssituationen. Und auch ein Körper, der ständig mit unregelmäßigen Essenszeiten und qualitativ minderwertigen Nahrungsmitteln zu tun hat, ist letztlich überfordert.

Wie lässt sich diese flüssige Moderne nun genauer beschreiben, was ist charakteristisch für sie und welche Folgen bringt sie mit sich?

„Unser Planet ist überfüllt" (Bauman 2006, 11). Mit diesem einfachen Satz konstatiert Bauman die gesellschaftliche und globale Lage der westlichen Industrienationen. Und da dies so ist, folgert er logisch: „Jede gesellschaftliche Ordnung stuft einen Teil ihrer Bevölkerung als ‚deplaziert', ‚ungeeignet' oder ‚unerwünscht' ein" (ders., 12). Bauman geht sogar noch einen Schritt weiter, denn er bezeichnet diese Menschen, die aus den Fertigungsmaschinen der Globalisierung herausfallen als menschlichen „Abfall" (ders., 14), als gesellschaftlich nutzlos (gewordene) Menschen. Dies tut er nicht, um sie zu diskriminieren, sondern um deutlich zu machen, wie Gesellschaften mit Teilen ihrer Mitglieder umgehen.

Hinzu kommt, dass die Lebensweise, die die Globalisierung mit sich bringt, Millionen von Menschen weltweit entwurzelt. Sie entzieht ihnen „ihre bewährte (Über-)Lebensgrundlage im biologischen wie auch im soziokulturellen Sinn (...), und schickte sie auf [konkrete wie innere] Wanderschaft" (ders., 14).

Folgt man Bauman, so sind Kinder und Jugendliche – Menschen überhaupt –, die in Armut leben, Teil dieses gesellschaftlichen Abfalls. Sie sind, marktwirtschaftlich argumentiert, nutzlos. Sie können oder dürfen keine Verantwortung für sich und die Gesellschaft, in der sie leben, übernehmen und treiben auf diese Art und Weise ziellos in der flüssigen Moderne. Mehr noch, sie sind im Sinne Baumans ‚über-flüssig' geworden: „Überflüssig zu sein, bedeutet, überzählig und nutzlos zu sein, nicht gebraucht zu werden" (ders., 20).

Kinder und Jugendliche in Armut, auf die ein selektives Schulsystem und kaum eine berufliche Perspektive warten, die also in diesem Sinne gesellschaftlich für überflüssig erklärt werden, stellen ein finanzielles Problem dar, denn sie müssen versorgt werden. „Für ‚überflüssig' erklärte Menschen müssen – vielleicht sogar dauerhaft – unterstützt werden, wenn sie am Leben bleiben wollen" (ders., 21).

Gleichzeitig zeigt Bauman auf, dass das rein physische Überleben in einer Gesellschaft eben nicht ausreicht, nicht als Kriterium gilt, wenn es darum geht, nicht mehr überflüssig zu sein und zu einer Gesellschaft und ihren Lebensformen wieder zugelassen zu werden, aus denen man zuvor ausgestoßen wurde.

> „Diese Männer und Frauen verlieren nicht nur ihre Arbeit, ihre Zukunftsprojekte, ihre Orientierungspunkte, das sichere Gefühl, den eigenen Lebenslauf steuern zu können; sie sehen sich auch ihrer Würde als arbeitende Menschen beraubt, verlieren ihr Selbstwertgefühl, das Gefühl nützlich zu sein und in dieser Gesellschaft einen festen eigenen Standort zu haben" (ders., 23).

Für Kinder und Jugendliche, die dem Leben in Armut und den sie umgebenden Personen noch weitaus mehr ausgeliefert sind als Erwachsene, entsteht somit die nahezu unlösbare Aufgabe, einerseits die Möglichkeiten für das physische Überleben nicht aus dem Auge zu verlieren, vielleicht täglich dafür kämpfen zu müssen; während ihnen andererseits und zugleich „das Selbstvertrauen und die Selbstachtung genommen wurden [und werden], die für das soziale [und innere] Überleben nötig sind" (ders., 59).

> „Verwundbarkeit und Unsicherheit der eigenen Existenz und die Notwendigkeit, Lebensziele unter den Bedingungen akuter und nicht aufhebbarer Ungewissheit zu verfolgen, werden in einer durchschnittlichen modernen Gesellschaft dadurch verstärkt, dass alle Lebensäußerungen den Kräften des Marktes ausgesetzt werden" (ders., 73).

Dieser Markt aber ist erfolgsverwöhnt und kennt kaum soziale oder gar moralische Gesetze. So fallen Kinder und Jugendliche in Armut zunächst schulisch und dann beruflich aus ihm heraus oder finden erst gar keinen Zugang. Vielmehr werden ihre materiellen Sehnsüchte von den Verführungsstrategen des Marktes missbraucht, so dass die wenigen Mittel, über die sie verfügen, dem Konsum in den Rachen geworfen werden. Dies führt automatisch zu neuen (scheinbaren) Bedürfnissen, die in letzter Konsequenz zunehmend mehr Verschuldung schaffen. Gleichzeitig wachsen diese Kinder und Jugendlichen oft in familiären Situationen auf, in denen schon immer oder auch ganz plötzlich, die herkömmlich oder gewohnte Art, den Lebensunterhalt zu verdienen, wegfällt, wo man „zwangsweise entwertet und auf die Streichliste gesetzt, (...) dem Abfall zugeordnet" (ders., 86) wurde und sich daher eigentlich kaum materielle Bedürfnisse erfüllen kann, wo es keine vielfältigen Möglichkeiten der Alltagsgestaltung gibt und wo man schon gar nicht wählerisch sein kann. „Des Vertrauens beraubt und von Misstrauen durchdrungen, ist das Leben von Widersprüchen und Mehrdeutigkeiten erfüllt, die es nicht auflösen kann" (ders., 131).

Das zunehmende Tempo des Wandels, die wachsenden Möglichkeiten und Anforderungen globaler Prozesse und Situationen führen dazu, dass all das, was eben noch als wünschenswert und notwendig erschien, entwertet wird und „kennzeichnet es [damit] von Anfang an als den Abfall von morgen. Andererseits weckt die Furcht, selbst auf den Abfallhaufen zu wandern, die der Lebenserfahrung dieses verwirrend schnellen Wandels entspringt, das Verlangen, noch begeisterter mitzumachen und sich einen noch zügigeren Wandel zu wünschen" (ders., 155).

Die so genannten Über-Flüssigen fallen aus dem Gesellschaftssystem der menschlichen Kommunikation heraus, finden nicht wieder hinein oder wachsen von vorne herein außerhalb dieser Systeme und ihrer Kommunikationsformen auf. Aus der Beobachtung dieser Vorgänge, aus der Wahrnehmung des stetig anwachsenden Berges überflüssiger, nicht gebrauchter Menschen, erwächst die Angst vor dem eigenen Ausschluss, vor „Zurückweisung, Ausstoßung, vor Ablehnung und dem Fallengelassenwerden. Wir wollen uns nicht nehmen lassen, was wir sind, und uns nicht vorenthalten lassen, was wir sein wollen. Wir haben Angst, allein gelassen zu werden, hilflos und unglücklich zu sein, von jeglicher Gesellschaft ausgeschlossen, von niemandem geliebt, ohne jede Hilfe. Wir fürchten uns vor dem Weggeworfen werden, vor dem Augenblick, in dem wir für den Schrottplatz bestimmt sind. Am meisten fehlt uns die Gewissheit, dass all dies nicht geschehen, zumindest nicht uns widerfahren wird. Wir vermissen die Freistellung – von der universellen, allgegenwärtigen Bedrohung der Freistellung" (ders., 181f.).

Wie aber gehen Gesellschaft und Staat mit denen um, die sie als Abfall, als überflüssig ausgemacht haben? Bauman vermutet, dass die Aufgabe der Versorgung von Mitgliedern einer Gesellschaft, die nicht die Möglichkeit haben für sich selbst zu sorgen, in Zukunft immer weniger ausgeführt werden wird. Stattdessen werden sich die Aufgaben verlagern:

> „Der Staat begegnet diesen Überflüssigen wie allen, die Angst vor der Zukunft haben, indem er sich vom Sozialstaat zum Sicherheitsstaat wandelt. Weil der Staat in der flüssigen Moderne keine individuelle und kollektive Absicherung mehr geben kann, konzentriert er sich auf die Sicherheit, den Kampf gegen Terrorismus, gegen Übergriffe von Kriminellen etc. Er entwirft nichts für die Überflüssigen im Sinne einer Zukunft, sondern verwirft sie. Die Entwicklung moderner Gesellschaften besteht nicht in der Integration aller, Deprivation ist ihr Hauptmerkmal" (Bauman 2005, 47).

Aus pädagogischer Sicht lässt sich diese Aussage noch erweitern. Die Gesellschaft verwirft Kinder und Jugendliche in Armut, sozialer Bedrängnis und Benachteiligung nicht nur, weil sie sie als überflüssig erkennt, sondern sie trägt auch zur Konstitution brüchiger wie zerbrochener Identitäten bei, die sich zwischen Konsum und Abfall, zwischen Lebensgegebenheiten und Sehnsüchten, zwischen Integration und Deprivation oszillierend hin- und herbewegen.

> „Neben den armen Ländern (...) entsteht eine neue Armut im Herzen der reichsten Staaten. (...) Was den Unterschied machen wird, ist nicht etwa die finanzielle Situation, sondern der Zugang zu Wissen und Bildung. Diese Faktoren entscheiden ja heute bereits über den Zugang zu einem würdevollen Leben" (Böhmer 2005, 103f.).

Wir werden heute nicht nur von einer „neuen äußeren und materiellen Armut bedroht, sondern auch von einer inneren und seelischen" (ebd.). Diese ,innere Armut', der in den nachfolgenden Kapiteln auf die Spur gekommen werden soll, entsteht wohl auch dadurch, „dass das je ,eigene Licht' nicht auf einen selbst scheinen kann" (ebd.) und darf.

Die folgende Grafik (vgl. S. 23) zeigt den von Zygmunt Bauman (und anderen) beschriebenen gesellschaftlichen Wandel und die sich daraus für den Einzelnen ergebenden Prozesse.

Traditionelle Gesellschaften zeichneten bzw. zeichnen sich in ihren Strukturen vor allem dadurch aus, dass sie, bedingt durch Religion, Tradition und Familie, den meisten Mitgliedern Orientierung, Sicherheit und Stabilität verleihen. Gleichzeitig liefen sie immer auch Gefahr, genau dieser Mehrzahl an Mitgliedern Fremdbestimmung, Beschränkungen und Grenzen in der individuellen wie gemeinschaftlichen Entfaltung aufzuerlegen. Im Laufe der Entwicklung der westlichen Gesellschaftsformen, welchen sich auch Baumans Analysen widmen, wandelten sich die Strukturen und Organisationsformen hin zu postmodernen Gesellschaftsordnungen. Bedingt durch die Aufklärung, entfacht von der Forschrittsgläubigkeit im Zeitalter der Industrialisierung, aber auch durch stärker demokratisierende wie globalisierende Entwicklungen, veränderten sich die Möglichkeiten ihrer Mitglieder: Individualisierung, Wertewandel und Pluralismus lassen sich als ,neue' Charakteristika ausmachen.

> „Nachdem die Menschen erst einmal entdeckt hatten, dass sie selbst imstande waren, die Welt nach ihren Vorstellungen zu verändern und zu gestalten, war es nur noch eine Frage der Zeit, bis das alte Bild einer vom Schöpfergeist geschaffenen und getragenen Weltordnung durch ein neues ersetzt wurde, in dem sie selbst als Entdecker und Gestalter der Welt erschienen. Dieser Vorstellungswandel hat sich in der westlichen Welt seit der Aufklärung und dem Beginn des Industriezeitalters unglaublich schnell innerhalb weniger Generationen vollzogen. Inzwischen ist die alte, Halt bietende Matrix nur noch in Resten vorhanden. Ihre einstige, Sicherheit bietende, Orientierung stiftende, ordnende und strukturierende Funktion hat sie für den überwiegenden Teil der Bevölkerung in den hochtechnisierten Industriestaaten weitgehend eingebüßt. Aber das neue zentrale Bild vom Menschen selbst als Schöpfer und Ordnungsstifter konnte bisher nicht leisten, was das alte Bild noch ver-

mochte. Wohl bot es vielen Menschen einen gewissen Halt, aber im Grund nur so lang sie noch erfolgreich waren und es ihnen auf diese Weise immer wieder gelang, dieses Selbstbild zu bestätigen und zu befestigen. Um ihren Halt nicht zu verlieren, sind diese Menschen gezwungen, erfolgreich zu sein" (Hüther 2006, 38).

globale, gesellschaftliche Entwicklungen

Traditionelle Gesellschaften　　　　　**Postmoderne Gesellschaften**

Regeln,　　　　　　　　　　　**Individualisierung,**
Traditionen,　　　　　　　　　　　**Wertewandel,**
Rituale　　　　　　　　　　　　**Pluralismus**

geben den meisten Mitgliedern　　　*geben* immer weniger Mitgliedern
einer Gesellschaft　　　　　　　　　einer Gesellschaft

Stabilität　　　　　　　　　　**individuelle Freiheit,**
Orientierung,　　　　　　　　　**Selbstbestimmung,**
Sicherheit　　　　　　　　　　**Selbstverwirklichung**

aber auch　　　　　　　　　*aber auch* mehr und mehr Mitgliedern
　　　　　　　　　　　　　　　　einer Gesellschaft

Fremdbestimmung,　　　　　　　**Entwurzlung,**
Beschränkungen,　　　　　　　　**Instabilität,**
Grenzen　　　　　　　　　　**Unverbindlichkeit**

Prozesse der Entgrenzung
↓
notwendiges Grenz-Management und Möglichkeit von
Verwirklichungschancen

Selbstwirksamkeit, Stärkung von　　　　**Scheitern, Depression**

Selbst und Gemeinschaft

Je nach Grenz-Management und Verwirklichungschancen:
1. Möglichkeit, 'Welt' zu verstehen und daraus
Orientierung und Stabilität zu gewinnen

2. Möglichkeiten, mit 'Welt' umzugehen und
so das eigene Leben zu kontrollieren

3. Möglichkeiten, 'Welt' zu erkennen und so das Leben
als bedeutsam und sinnerfüllt wahrzunehmen

Gleichzeitig wird durch Baumans Aussagen deutlich, dass das ‚Meer der Möglichkeiten' nicht mehr selbstverständlich allen Mitgliedern zur Verfügung steht. Erlaubt ist allen vieles und viele wissen von den Möglichkeiten, möglich aber ist vielen nur weniges. Entwurzelung, Instabilität und Orientierungslosigkeit können die Folgen sein. Die, die aus dem Pool der Individualisierung im Sinne eines hohen Maßes an Entscheidungsfreiheit, die eigene Lebensgestaltung wie –planung betreffend, herausfallen, die mit Entwicklungen nicht (mehr) Schritt halten können oder die im Zuge dieser Prozesse zurückbleiben, sind es, die auf den Abfallhaufen und Mülldeponien der Gesellschaft landen. Ihr Leben ist ein flüssiges, ein entgrenztes. Hinzu kommt, dass der Fortschrittsglaube immer wieder massiv erschüttert wird: durch Klimaprobleme, Naturkatastrophen, ökonomische Veränderungen und familiäres wie personales Scheitern. Dabei entstehen jene gesellschaftlichen Gruppen, die von Bauman als die „Verworfenen" bezeichnet werden. Vielschichtige Armut ist oftmals der große gemeinsame Nenner dieser Gruppen. Es ist nicht mehr die ländliche, die proletarische oder die im Alter entstehende Armut, die bis in die erste Hälfte des 20. Jahrhunderts relevant waren, welche die entscheidende Rolle spielt.

> „Nicht mehr die klassische Altersarmut ist seither das Problem, auch nicht die relative Armut kinderreicher Familien. Sondern es sind die Überlappungszonen aus Arbeitslosigkeit und kultureller Vernachlässigung, aus Sozialhilfebedürftigkeit und Familienzerfall. Überwiegend jüngere Menschen, nicht zuletzt Kinder und Jugendliche, sind davon betroffen" (Nolte 2006, 133).

Diese so genannten „betroffenen" Kinder kommen in Deutschland überwiegend in Familien zur Welt, in denen Bildung kaum eine Rolle spielt oder nie Platz finden konnte, wo aber gleichzeitig auch die Fähigkeiten wie Fertigkeiten zu einer selbst verantworteten Lebensführung mehr und mehr verloren gegangen sind.

> „Nicht Kinder machen arm, sondern Armut gebiert Kinder. Sie beginnt mit dem Fehlen materieller und kultureller Ressourcen, übersetzt sich in Frustration und Verlust an Bindungsfähigkeit (...) und damit schließt sich der Teufelskreis der Armut und Chancenlosigkeit für Kinder" (Nolte 2006, 149).

Mehr noch: Mit dieser ‚Übersetzung' beginnt der Weg von äußerer zu ‚innerer Armut'. Für die Entwicklung von Familienstrukturen brachte der Schritt von der modernen zur postmodernen Gesellschaft durch die Auflösung patriarchalischer Ordnungsstrukturen einerseits Liberalisierung, Selbstverwirklichungsmöglichkeiten und die Chance, sich von nicht mehr tragfähigen Beziehungen verabschieden zu können. Andererseits fehlt es den neu entstandenen Familienstrukturen, besonders in den sozial bedrängenden Lebenslagen und unteren Schichten an Fähigkeiten, an kulturellen wie emotionalen Kompetenzen, um das neu entstandene Leben aufzufangen und tragfähig zu gestalten. Paul Nolte geht sogar soweit zu behaupten:

> „Die postmoderne Glorifizierung der Patchworkfamilie ist ein akademisch-intellektueller Lebensentwurf, der in anderen sozialen Schichten vermehrt in Erziehungskatastrophen, in Vernachlässigung, Verwahrlosung, im Extremfall in Gewalt mündet. (...) Es gibt einen engen Zusammenhang zwischen Armut und Einsamkeit" (Nolte 2006, 99).

Je nach Fähigkeiten, Kräften und gesellschaftlichen Möglichkeiten verfügen die (entgrenzten) Mitglieder der postmodernen Gesellschaften über Verwirklichungschancen (vgl. Capability-Approach von Amartya Sen) bzw. gelingt ihnen ein Grenzmanagement, das sie entweder zu Stärkung und der Überzeugung ihrer Selbstwirksamkeit oder aber zu Kollaps, Depression und Scheitern führt.

Was die Fähigkeiten zum Grenzmanagement betrifft, hat die Pädagogik wichtige Aufgaben: Je nachdem wie sie Kindern und Jugendlichen dazu verhelfen kann, sich selbst und die sie umgebende Welt zu verstehen, werden diese aus diesem Verständnis Stärke und Orientierung gewinnen können. Je nach dem wie sie Kindern und Jugendlichen Möglichkeiten schaffen und an die Hand geben kann, mit sich und der Welt umzugehen, werden diese ihr Leben im besten Sinne ‚kontrollieren' und steuern können, und je nachdem wie sehr es Pädagogik gelingt, mit Kindern und Jugendlichen ein erkennendes und vielfältig wahrnehmendes Verständnis von sich und der ‚Welt' zu entwickeln, wird deren Leben zu einem bedeutsamen und sinnerfüllten Leben werden.

Dabei könnte Pädagogik auch dazu beitragen, eine veränderte Sicht auf postmoderne Lebensstile und die Globalisierung zu gewinnen: Viele Eltern erhoffen sich von der Erziehung und Ausbildung ihrer Kinder nämlich die Eintrittskarte in eine globalisierte Welt, in der sich diese dann materiell gut ausgestattet möglichst erfolgreich und flexibel bewegen können. Es wäre wohl durchaus des Nachdenkens wert, inwieweit Pädagogik, Erziehung, Bildung und Unterricht kommunizieren könnten, dass Globalisierung nicht nur aus diesen Sehnsüchten besteht, sondern auch darin, mit sich, den Menschen und der Kultur in Verbindung zu bleiben und daraus sehr sensibel Aufgaben für den Einzelnen wie die Gemeinschaft zu entwickeln. Zudem stellt sich auch die Frage, wie sich Kindern und Jugendlichen vermitteln ließe, welchen Druck dieser Lebensstil ausübt und dass er gar nicht den Menschen, sondern viel mehr marktwirtschaftlichen Interessen nutzt. Das Nachdenken darüber, was dem einzelnen wie der Gemeinschaft tatsächlich dient, könnte auch eine Frage sein, die in ihren Antworten aus ‚innerer Armut‘ herausführte.

2.2   Von ‚innerer Armut‘ zu äußerer Armut

> „Jede dumpfe Umkehr der Welt hat solche Enterbte,
> denen das Früher nicht und noch nicht das Nächste
> gehört".
>
> *Rainer Maria Rilke*

Folgt man der Logik Zygmunt Baumans, so müssten alle Menschen, die in postmodernen Gesellschaftsformen in sozialer Benachteiligung, Bedrängnis und Armut leben oder davon bedroht sind, automatisch aus der Gesellschaft ausgeschlossen sein und nur noch als ihr „Abfall" definiert werden.

Doch ein solcher Automatismus ist so ohne weiteres nicht auszumachen. Dies lässt sich schon daran erkennen, dass es durchaus Menschen gibt, die nach dem Verständnis Baumans wie auch nach den sozialpolitischen Definitionen einer postmodernen Gesellschaft in Armut leben, sich aber in keiner Weise gesellschaftlich stigmatisiert oder gar ausgeschlossen und verworfen erleben.

Dennoch scheint es eine Form von ‚Überflüssigsein' zu geben, die zunächst unabhängig von arm und reich existiert, die nicht automatisch mit Armut in Zusammenhang stehen muss, wohl aber stehen kann:

> „Nicht nur, dass sich die Schere zwischen Armen und Reichen öffnet, sondern es hat auch den Anschein, dass eine wachsende Gruppe von Leuten den Anschluss an den Mainstream unserer Gesellschaft verliert" (Bude / Willisch 2006, 7).

Heinz Bude und Andreas Willisch beschreiben sehr anschaulich wie „ökonomische Marginalisierung", „ziviler Verfall" und „räumliche Abschottung" (vgl. Häußermann / Kronauer / Siebel 2004) aufeinander treffen:

> „Die Leute, die man in den Billigmärkten für Lebensmittel trifft, wirken abgekämpft vom täglichen Überlebenskampf, ohne Kraft, sich umeinander zu kümmern oder aufeinander zu achten, und lassen gleichwohl kein Anzeichen von Beschwerdeführung oder Aufbegehren erkennen. Die Jugendlichen hängen herum und träumen vom schnellen Geld in der Drogenökonomie, die Männer mittleren Alters haben sich in die Häuser und Wohnungen zurückgezogen, und die Frauen mit den kleinen Kindern sehen Mitte zwanzig schon so aus, als hätten sie vom Leben nichts mehr zu erwarten. (...) Es kann einem aber auch passieren, dass man am späten Vormittag in den Innenstädten von Lüttich, Aberdeen oder Duisburg nur noch Leute sieht, die aus der Welt der Chancen verbannt zu sein scheinen. Die Werbeplakate für italienischen Espresso und französische Coupés haben genauso wenig mit ihnen zu tun wie die auf Dienstleistung, Lebensqualität und Freizeitwert ausgerichtete Stadtentwicklungspolitik. Sie bewegen sich eine Spur zu langsam, ihr Blick geht wahllos am Warenangebot vorbei, sie scheinen gar nicht richtig anwesend zu sein. Es handelt sich um ein unauffälliges menschliches Elend. Schlechtes Essen, billige Unterhaltung und endlos viel Zeit haben ihnen die Energie geraubt. Die gesellschaftliche Teilhabe hat sich auf ein Mitlaufen ohne Ziel und ein Dasein ohne Ort reduziert" (Bude / Willisch 2006, 7ff.).

Aus diesen Beschreibungen wird deutlich, dass sich das Überflüssigsein in einer Gesellschaft sowie der Ausschluss aus dieser, verursacht durch mangelnde Teilhabe(möglichkeiten), nicht alleine durch die Zugehörigkeit zu einer bestimmten Schicht oder Lebenslage erklären lässt. Bei diesen Lebensformen wie –äußerungen geht es zwar auch um die Frage von Oben und Unten, von Aufstieg und Abstieg, vielmehr aber noch um die Frage von Drinnen und Draußen, von Zugehörigkeit und Überflüssigsein sowie von Anerkennung und Diskreditierung. Somit geht es gemäß der Analysen von Byrne (vgl. 1999), Büchel (vgl. 2000), Kronauer (vgl. 2002), Hills / Le Grand / Piachaud (vgl. 2002), Bude / Willisch (vgl. 2006) und vielen anderen maßgeblich um die Frage „von sozialer Exklusion aus den dominanten Anerkennungszusammenhängen und Zugehörigkeitskontexten unserer Gesellschaft. (...) Soziale Exklusion ist ein abstrakter Sammelbegriff für verschiedene Formen gezielter Ausgrenzung, funktionaler Ausschließung und existentieller Überflüssigkeit (...)" (Bude / Willisch 2006, 8).

Dass der Begriff der ‚sozialen Exklusion' nicht nur soziologisch anerkannt ist, sondern auch politisch zunehmend relevanter wird, zeigt sich auch an der Definition der Europäischen Kommission, wonach es sich bei sozialer Exklusion um einen Prozess handelt, „durch den bestimmte Personen an den Rand der Gesellschaft gedrängt und durch ihre Armut bzw. wegen unzureichender Grundfertigkeiten oder fehlender Angebote für lebenslanges Lernen oder aber infolge von Diskriminierung an der vollwertigen Teilhabe gehindert werden" (Europäische Kommission 2004, 12).

Wie die Prozesse der ‚sozialen Exklusion' zustande kommen und wie sie sich als Phänomen postmoderner Gesellschaftsformen erklären lassen, ist nicht einfach zu beantworten. Ohne näher auf die aktuelle, durchaus kontrovers geführte Auseinandersetzung von Globalisierungs- und Exklusionstheoretikern eingehen zu wollen, lassen sich dennoch zwei wesentliche Aspekte herausstellen:

(1) Zum einen können Globalisierungsprozesse und ihre Auswirkungen auf Arbeitslosenquoten, Wohlfahrtsordnungen und soziales Wohlbefinden nicht einfach als Erklärungsmuster herangezogen werden. John Goldthorpe hat dies 2003 in seiner empirischen Untersuchung über „Globalisierung und soziale Klassen" deutlich herausgestellt. Zudem „beweisen alle Sozialstrukturdaten eine hohe Makrostabilität der Verhältnisse, die nicht nur mit der Wahrnehmung [sowie der Gefühlslage und damit der ‚inneren' Situation] der Leute in Einklang zu bringen ist, die von der Erfahrung um sich greifender Mikroturbulenzen bestimmt ist" (Bude / Willisch 2006, 11). Es sollte jedoch nicht außer Acht gelassen werden, dass eine aus Sicht der Sozialstrukturanalyse ausgemachte Mikroturbulenz im Falle des einzelnen Menschen oder der betroffenen Familien sich durchaus als individueller wie sozialer Makrokosmos darstellt und erlebt wird.

(2) Zum anderen aber bringen Globalisierungsprozesse Risiken der Verarmung, der Ausgrenzung und Benachteiligung mit sich. Sie sind aber „entgegen den Entgrenzungsunterstellungen der Globalisierungstheoretiker nach wie vor in hergebrachter Weise ungleich verteilt. Besonders betroffen sind Arbeitslose, Migranten, Alleinerziehende und kinderreiche Familien. Nicht sehr überraschend kommt geringe Qualifikation als ein benachteiligendes Querschnittsmerkmal, das in jedem Fall die Gefahr der Verarmung erhöht, hinzu. Auch wird die Armut trotz Erwerbstätigkeit unterschätzt" (Bude / Willisch 2006, 10).

Zwei Phänomene, die eng mit dem Überflüssigsein sowie den Exlusionsprozessen in postmodernen Gesellschaftsformen einhergehen, sind die „soziale Vulnerabilität" (vgl. Castel 2000b) und der „prekäre Wohlstand" (vgl. Hübinger 1999). Bei beiden Phänomenen geht es um gesellschaftliche Gruppen, die noch nicht exkludiert wurden, die noch nicht auf dem ‚Abfallhaufen' der Gemeinschaft gelandet sind, die aber dennoch etwas zu verlieren haben und von daher hoch gefährdet sind.

Die Uneindeutigkeit und Angespanntheit der postmodernen Lebensstile, alles das, was Robert Castel unter dem Begriff des „negativen Individualismus" (vgl. Castel 2000a) summiert hat, bringen familiäre, soziale und berufliche Konstellationen mit sich, die äußerst fragil sind.

> „Die Kategorie der sozialen Verwundbarkeit kann mithin als eine soziale Beziehung definiert werden, die zwischen zwei Polen angesiedelt ist: zwischen der Wahrscheinlichkeit, mit bestimmten ökonomischen, sozialen oder symbolischen Risiken konfrontiert zu werden, und den Fähigkeiten, diesen Risiken ausweichen zu können beziehungsweise Ressourcen gegen diese Risiken mobilisieren zu können" (Vogel 2006, 344).

Das Phänomen des „prekären Wohlstands" verweist dagegen auf gesellschaftliche Positionen, bei denen sich Menschen, einem finanziellen, sozialem und emotionalem Drahtseilakt gleich, zwischen Armut und gesicherter Existenz bewegen.

> „Denen, die in dieser Zone der Gesellschaft leben, darf in ihrem sozialen und beruflichen Alltag nichts dazwischenkommen – nicht der Verlust des Arbeitsplatzes, keine chronische Krankheit, keine Ehescheidung oder andere familiäre Probleme, keine unerwarteten finanziellen Anforderungen und Belastungen" (ders., 346).

Beiden Phänomenen und den mit ihnen verbundenen gesellschaftlichen Gruppen ist gemeinsam, dass sie gerade noch nicht exkludiert sind, zumindest aber eine Ahnung der Gefahr in sich tragen und sich daher der Bedingungen einer Exklusionsmöglichkeit durchaus bewusst sind. Sie sind hohen inneren, emotionalen Belastungen ausgesetzt, leben sie doch in einer Form doppelter Uneindeutigkeit: auf der einen Seite in der Uneindeutigkeit, die im Zuge postmoderner gesellschaftlicher Entwicklungen generell Einzug gehalten hat und auf der anderen Seite in der Uneindeutigkeit der je ganz konkreten, individuellen wie sozialen, emotionalen und beruflichen Situation zwischen Sicherheit und Instabilität. Das Risiko ist hoch, Lebenswege beschreiten zu müssen, die sowohl aus dem Inneren der Gesellschaft ins soziale ‚Aus' und aus innerer Stabilität ins emotionale ‚Aus' führen.

Grafisch lassen sich die hier beschriebenen Prozesse und Phänomene wie folgt darstellen:

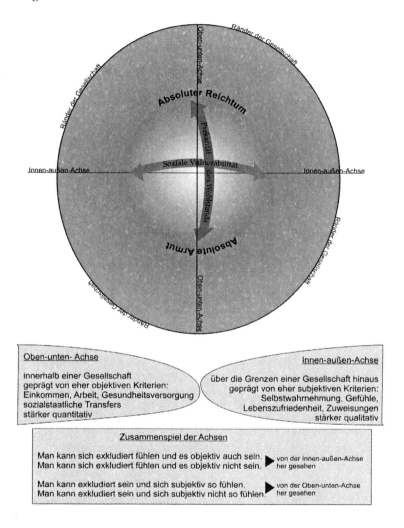

Ein drastisches Beispiel für die Prozesse und die Erfahrungen von und mit gesellschaftlicher Exklusion stellen Menschen dar, die nach langer Zeit eines normalen Berufslebens durch plötzliche Arbeitslosigkeit arm geworden sind. Sie haben neben den ganz konkreten Problemen, das Leben neu aus- und einrichten zu müssen, mindestens zwei innere Schwierigkeiten zu bewältigen:

(1) Das Leben erfährt durch den Verlust des Arbeitsplatzes eine Entwertung und damit einen Sinnverlust. Wie hinreichend bekannt ist, dient Arbeit eben nicht nur zum Broterwerb, sondern durch die der Arbeit zueigne Aufgabenhaftigkeit der Sinnerfüllung, der Bestätigung und damit einem positiven Selbstwertgefühl. Dass sich die mit Arbeitslosigkeit oftmals einhergehenden (Selbst)entwertungsprozesse und die mit ihnen verbundenen negativen Gefühle auf die Kinder der Betroffenen überträgt, ist spätestens seit den Untersuchungen Pierre Bourdieus aus den siebziger und achtziger Jahren bekannt.

(2) Wer über lange Jahre ein Leben frei von materieller Armut geführt hat und dann von dieser sozusagen überrascht wird, der gerät möglicherweise in Schwierigkeiten mit den eigenen Sehnsüchten. Die Schwierigkeit besteht darin, dass die Sehnsüchte dieser Eltern und ihrer Kinder Richtungen und Zielpunkte kennen. Sie wissen oftmals wie das Leben in einer größeren Wohnung ist, in einem Haus mit Garten, mit Theater- und Kinobesuchen oder Einladungen von Freunden. Wer aber von jeher in materieller Armut aufgewachsen ist, dessen Sehnsucht kann sich wahrscheinlich schwerer auf Dinge und Situationen richten, die außerhalb des eigenen Armutshorizontes liegen. Eine Arbeit zu finden, mag vielleicht auf abstrakter Ebene noch eine solche Sehnsucht darstellen. Produkte zu erwerben, die von den Medien durch Werbung suggeriert werden, verkörpern eher ganz konkrete, materielle Bedürfnisse und weisen weniger die Tiefendimension von Sehnsüchten auf. Sehnsüchte binden sich in diesem

Zusammenhang an Lebensgegebenheiten, die über den konkreten Alltagsvollzug hinausreichen, die man selbst erarbeitet und erfahren hat und die dann weg brechen. Wer nie einen eigenen Garten mit Blumen und selbst angebautem Obst und Gemüse hatte, der wird ihn vielleicht nicht, zumindest aber nicht in so großem Ausmaß vermissen, wie jemand, der aufgrund plötzlicher Armut seinen Garten und sein Haus gegen eine Sozialwohnung eintauschen muss.

> „Schönheit vergisst die Seele nie mehr. Ein Kind, das in meiner grauen Vorstadt groß geworden ist, hat eine völlig andere Sinneswahrnehmung erlernt, nämlich die, seine Nase [,seine Augen, Ohren und den Mund] dicht zu machen und damit auch einen erheblichen Teil seiner Gefühlswelt" (Wörn 2006, 13).

Man könnte meinen, die hier aufgeführten Beispiele seien eher eine Charakterisierung für den Weg von äußerer zu ‚innerer Armut'. Man kann aber an diesen Zusammenhängen gut ablesen, wie sich das Leben als innere Sehnsucht und als innerer Reichtum eines Kindes, das in Armut aufwächst, gar nicht entwerfen und ‚anfüllen' kann. Die materielle und soziale Situation der oben erwähnten Vorstadt, die beispielhaft für viele Vorstädte und die in ihnen aufwachsenden, armen Kinder steht, veranschaulicht sehr bildlich, dass sich in einem solchen Umfeld nicht nur nichts eröffnen kann, was über die Konkretheit der dortigen Wohnsituationen hinausgeht, sondern auch, dass geradezu das Gegenteil der Fall ist: dicht machen. Dieses ‚dicht machen' ist Grundausdruck des Selbstschutzes und des Überlebens in einem Leben in Armut, Benachteiligung und Bedrängnis: die Augen dicht machen vor den grauen und beengenden Bildern der Wohnsituation, vor billigen Materialien und vor Müll; die Ohren dicht machen vor Streit, Aggression und Lieblosigkeiten, die einem begegnen und die man selbst erfährt; den Mund dicht machen, um nicht durch Gesprochenes in Konflikte zu geraten oder nur noch Wörter und Satzfragmente über die Lippen kommen zu lassen, die das Ich verteidigen – keinesfalls aber das ‚Herz auf der Zunge' tragen. Schönheit vergisst die Seele nicht mehr, Hässlichkeit in Form von Farblosigkeit,

Eintönigkeit, Lieblosigkeit oder Perspektivlosigkeit vergisst sie ebenfalls nicht mehr.

Es kann vermutet werden, dass wer durch äußerliche Armut bedingt, innerlich arm aufwachsen muss, nur mit äußersten Anstrengungen und wahrscheinlich nur mit sehr viel Glück und Zufall der äußeren Armut entkommen kann. Wer innerlich arm aufwächst, dem fällt es wahrscheinlich schwerer, Bilder und Perspektiven zu entwickeln, die außerhalb äußerer Armut liegen und die über konkrete Bedürfnisse wie beispielsweise eine größere Wohnung oder einen besseren Fernseher hinaus gehen. Äußerer Reichtum bindet sich natürlich auch an konkrete, materielle Dinge, aber nicht ausschließlich. Der beispielhaft angeführte Garten mit Blumen, Obst und Gemüse oder ein schön und reichhaltig gedeckter Tisch oder eine gestaltete und nicht nur eine zusammengestückelte Wohnung sind ja nicht nur ein Ausdruck ‚äußeren Reichtums', sie stellen auch eine Idee dar, sie bieten die Möglichkeiten, dem Ich Ausdruck zu verleihen, schöpferisch tätig zu sein und das Leben immer wieder als etwas zu Entwerfendes zu begreifen und zu erleben.

3 Verhältnisse

3.1 Was ist ‚innere Armut'?

Was aber genau ist nun ‚innere Armut'? Armut bezeichnete ursprünglich die Situation von Erben, gleichzeitig aber auch die Situation der Verwaisten. Etymologisch hängt ‚Armut' mit ‚vereinsamt', ‚bemitleidenswert' und ‚unglücklich' zusammen. Das Wort Armut umriss also eine innere Situation. Erst viel später, wohl mit aufkommender Industrialisierung im 19. Jahrhundert und den großen materiellen Schwierigkeiten für die arbeitende Bevölkerung, begann man, mit dem Wort Armut einen materiellen Zustand zu verbinden. Im Folgenden wird versucht, drei verschiedene Zugänge zu diesem inneren Zustand und seinem Werden wie seinen Wandlungen zu eröffnen.

(1) Bemüht man sich die Prozesse und Phänomene im Kontext ‚innerer Armut' zu beschreiben, so ließe sich damit vordergründig all das bezeichnen, was sich an emotionalen und seelischen Konsequenzen aus materieller und sozialer Armut ergibt: Wahrnehmungsstörungen aufgrund eines reizarmen Umfeldes; Aggressionen aufgrund unzuverlässiger Beziehungen und beengter Lebensverhältnisse; Distanzlosigkeit aufgrund fehlender Grenzen und Strukturen; seelische Verwahrlosung und Einsamkeit durch soziale Armut; Überforderung sowie Übernahme nicht altersgemäßer Rollen und Aufgaben; immer wieder auf sich selbst angewiesen zu sein, weil niemand helfen kann oder will; der Willkür im Erziehungsverhalten von Eltern oder Elternteilen ausgeliefert zu sein.

‚Innere Armut' betrifft den Bereich der ‚Intimsphäre', einen Bereich also, der ein hohes Maß an Innerlichkeit aufweist. Diese Innerlichkeit bezeichnet den ‚inneren Reichtum', aber eben auch die ‚innere Armut' eines Menschen.

Angesichts dieser Auflistung und der Tatsache, dass die Zahl der Kinder und Jugendlichen, die in Deutschland in materieller Armut leben, in den letzten Jahren um mehr als 100% auf derzeit ca. 2,5 Millionen angewachsen ist, lässt nicht verwundern, dass auch die Zahl der Erziehungshilfen in den letzten Jahren, vor allem in Großstädten, um mehr als 50% gestiegen ist.

So nachvollziehbar dieser Zugang auf den ersten Blick erscheinen mag, so unzureichend ist er auf den zweiten Blick. Sicherlich kann es einen logischen Zusammenhang zwischen materieller Armut und ‚innerer Armut' als ihrer Auswirkung geben. Dies erzeugt jedoch den Anschein von Kausalitäten, obgleich es sich wohl eher um mögliche Korrelationen handelt. Zumindest muss aber ein Automatismus, welcher von äußerer zu ‚innerer Armut' führt, deutlich verneint werden.

(2) Ein weiterer Zugang, der sich anbietet, ‚innerer Armut' näher zu kommen, ist das Burnout-Syndrom, das man eher im Zusammenhang mit überengagierten, hohen Arbeitsbelastungen ausgesetzten Menschen findet. Das Burnout-Syndrom ist nicht nur eine körperliche, sondern vor allem eine soziale wie emotionale Erschöpfung als Folge zu großer Stressbelastung. Dass Armut und ihre ‚Verursacher' wie beispielsweise Arbeitslosigkeit oder sozial bedrängende Lebens- und Wohnsituationen massiven Stress erzeugen, ist hinlänglich bekannt und untersucht. Der allgemein bekannt Satz: ‚Nur wer einmal gebrannt hat, kann auch ausbrennen', gilt im Kontext von Armut wohl eher nicht. Wollte man ‚innere Armut' als eine ‚Spielart' des Burnout-Syndroms verstehen, so ließen sich die betroffenen Kinder und Jugendlichen am ehesten als ‚durchgerostet' beschreiben. Sie müssen vor sich hin leben und gegebenenfalls auch in kleinen Arbeitsverhältnissen vor sich

hin arbeiten, ohne, dass sie je eine Entwicklung, eine subjektiv bedeutsame, positive Veränderung oder gar einen gesellschaftlich gewürdigten Erfolg in ihrem Leben ausmachen können. Eher noch ist das Gegenteil der Fall: Misserfolge und Nicht-Gebraucht-Werden, Verschuldung, Schulabbruch und Arbeitslosigkeit bestimmen oft das Leben. Der dadurch verursachte Stress kann zu Formen sozialer und emotionaler Erschöpfung sowie Dehumanisierung führen - Zustandsbeschreibungen wie sie sich auch beim Burnout-Syndrom finden.

Die emotionale Erschöpfung kommt einer inneren Kündigung gleich.

„Der Tag hat keine Höhen und Tiefen mehr, sondern wird als gleichförmig erlebt (...). Man nimmt perspektivisch Abstand von seinem Leben und wechselt in die Zuschauerrolle. Der Betroffene funktioniert nur noch als Automatismus" (vgl. Pape 2007).

Ähnlich verhält es sich mit Erschöpfungszuständen im sozialen Bereich. Freunde und Bekannte stellen keine Entlastung dar, sondern werden zur Anstrengung. Man geht ihnen aus dem Weg, zieht sich zurück und verarmt sozial. Damit einhergehend verstärkt sich das Gefühl der Einsamkeit und es entsteht ein schwer zu durchbrechender innerer Leerlauf.

(3) In einem dritten Zugang ließe sich ‚innere Armut' als ein innerer Vorgang beschreiben, bei dem sich Kinder und Jugendliche nicht mehr ‚anreichern' - in einem positiven Sinne gesprochen - nicht mehr ‚bereichern' können. Damit sich innerer Reichtum bilden kann, braucht es immer wieder neu zwei miteinander verschränkte Voraussetzungen: Zum einen gilt es, dauerhaft die Erfahrung zu machen, dass man über ein gewisses Ausmaß an Selbstwirksamkeit verfügt, dass man sich im guten Sinne als mächtig und kraftvoll erlebt. Dies schafft Stabilität und bildet Identität als Teil eines inneren ‚Schatzes' aus. Zum anderen braucht es ebenso anhaltend das Erleben, dass die ‚Welt' das ei-

gene Innere von außen her anreichert anstatt zu entleeren, verzaubert anstatt zu entzaubern und Neues anbietet anstatt in Bekanntem zu verhaften.

Dass Kinder und Jugendliche diese Erfahrungen machen können, ist nicht selbstverständlich. Postmoderne Gesellschaftsstrukturen wie auch Globalisierungsprozesse entbinden den Menschen eher von seinen Möglichkeiten, innerlich reich zu werden bzw. zu bleiben, als dass sie ihn einbinden. Alles innerlich wie äußerlich Lebensnotwendige wird immer schon fertig angeboten oder von anderen erledigt. Die eigene schöpferische und herstellende Kraft ist kaum mehr gefragt. Dies beginnt bei durchgestylten Spielzeugwelten, setzt sich fort in der Palette vorgefertigter Lebensmittel und endet in den durchorganisierten Strukturen von Pauschalurlaub. Wer innerlich nicht verarmen, sondern sich anreichern will, dem müssen aber die Möglichkeiten gelassen und die Fähigkeiten wie Fertigkeiten beigebracht werden, sich mit der ‚Welt' auseinanderzusetzen. Andernfalls „verschwindet nicht nur das Erleben, etwas bewirken zu können und mit seiner beispielsweise [selbst gekochten] Marmelade eine eigene Duftmarke zu setzen, sondern auch das Potential einer gelingenden Selbstsorge. Man holt sich Ersatz durch Events und Amüsements – doch das Außen hat nicht die Aufgabe, Ersatz für fehlendes Innen zu sein. In dieser Verfälschung bringen wir es um sein Eigenes und damit auch um seine ‚Wirkung'" (vgl. Fischer 2007). In Folge davon werden aus bereichernden Prozessen innerlich arm machende Zustände. Diese Prozesse des Verlusts der Selbstsorge betreffen Kinder im Überfluss genauso wie Kinder in Mangelsituationen, womit sich deutlich zeigt, dass ‚innere Armut' mehr ist als die Konsequenz einer schlechten materiellen Situation.

Versucht man die hier aufgeführten Zugänge zusammenzufassen, so lassen sich verschiedene Aspekte ausmachen, die, mehr oder weniger ausgeprägt, ‚innere Armut' ausmachen könnten. Innerlich arm sind demnach womöglich jene Kinder und Jugendliche,

- die keine Veränderungen mehr ermöglichen können, sondern sich äußeren wie inneren Zuständen ausgeliefert sehen,
- die demnach keine Alternativen mehr denken und leben können,
- denen keine vielfältigen Deutungen der eigenen Lebensgegebenheiten, aber auch des Lebens als solchem, (mehr) möglich sind,
- die bei dem bleiben müssen und dem ausgeliefert sind, wie sich Dinge und Situationen ergeben,
- deren Leben aufgrund äußerer Armut innerlich so fragmentarisch und brüchig geworden ist, dass es sich zu keiner positiv besetzten, zukunftsorientierten Identität zusammenfügen kann,
- deren Leben aufgrund äußeren Reichtums völlig überfrachtet ist und dadurch eine innere Anreicherung verhindert wird oder als überflüssig erscheinen lässt,
- denen es schwer fällt oder unmöglich ist, sich und anderen sozial ausgewogen wie emotional offen zu begegnen,
- deren Leben stark an allem Materiellen ausgerichtet ist oder sein muss, so dass der Blick und das Leben der Betroffenen sehr am Haben hängen,
- deren Lebensvollzüge immer wieder deshalb eindimensional bleiben, weil das Sein nicht gelingen kann, wenn das ‚Herz' zu sehr am Haben hängt,
- deren Leben ohne Rituale, Rhythmen, Strukturen und Orientierungen abläuft,
- deren Leben von Lieblosigkeit geprägt, und frei von verlässlicher Zuwendung und emotionaler Wärme durch ihre direkten Bezugspersonen ist.

3.2 Die reichen Armen oder die Sehnsucht nach ‚innerer Armut'

Der Begriff ‚Armut' ist nicht generell negativ besetzt und wird durchaus nicht nur als ein schier unlösbarer Problemkomplex betrachtet. Während Armut in den westlichen Industriegesellschaften als zu bekämpfendes, doch gleichzeitig notwendiges marktwirtschaftliches Übel verstanden wird, so weist die Religion, die den gleichen Kulturraum jahrhundertlang maßgeblich prägte, ein ganz anderes Verständnis auf: Im Christentum spielen materielle wie auch geistige Armut eine entscheidende Rolle. Jesus bewirkt durch seine Hingabe an die Armen eine Verkehrung bürgerlicher Maßstäbe. Der Höchste steigt herab, macht sich selbst arm und korrigiert die Position der Reichen nach unten. Gleichzeitig entsteht ein neuer Reichtum:

> „Er vermittelt den Reichtum aber dadurch, dass er sich selbst unseretwegen arm macht (vgl. 2 Kor 8,9; Phil 2,6-11), wobei Armwerden hier das Menschwerden umschreibt. (...) Armut als Entäußerung ist für Christus das Mittel, seine Liebe zu uns zu beweisen, und wir können ihm noch heute Liebe zeigen, indem wir ihm im Geringsten dienen" (Schütz 1992, 65).

Armut, verstanden nicht als eine aufgezwungene Lebensgegebenheit, sondern als bewusst gewählte Lebensform führt in christlichem Verständnis zu „koinonia" (ders., 66) und meint zu gleichen Teilen ein ‚Teil haben' wie auch anderen einen ‚Teil zu geben'. Eine solche Zueignung von Armut kann zu innerem Reichtum führen, weil sich ein bewusster, aber eben nur vordergründig verstandener, materieller Mangel zu einem Empfangen und Geben in Gemeinschaft wandelt. Die leeren Hände, die in der christlichen Symbolik immer wieder auftauchen, sind also nicht nur die Hände, die zu empfangen bereit sind, sondern auch die offenen Hände, die zum Geben geschaffen sind. Personifizierte Beispiele, die christlichen Gedanken der Armut zu leben, stellen beispielsweise Franz von Assisi oder Mutter Teresa von Kalkutta dar. Geistliche Armut bedeutet, die Grenzen menschlichen Daseins anzuerkennen und diese

Begrenztheit gleichzeitig als Geschenk anzunehmen sowie lebendig aus-
zugestalten.

Meister Eckhart, der Dominikanermönch war und dessen Leben
wegen Häresieverdachts zu Beginn des 14. Jahrhunderts durch die Inqui-
sition ein Ende gemacht wurde, hat sich auf besondere Art und Weise
mit Armut befasst. Ausgehend vom Bibelzitat „Selig sind die Armen im
Geiste, das Himmelreich ist ihrer" (Math. 5,3), beschreibt er den Weg der
inneren Reinigung, den die Menschen befolgen sollten, um Gott zu erkennen. Meister Eckhart fordert in diesem Zusammenhang, „dass der
Mensch so arm dastehen müsse, dass er keine Stätte sei noch habe, darin
Gott wirken könne. Wo der Mensch [noch] Stätte [in sich] behält, da behält er Unterschiedenheit" (Rohr / Weltzien 1993, 198).
Letztlich geht es ihm um eine Art von Angleichung, bei der die Unterschiedenheit von Gott nach und nach im Sinne eines Hindernisses der
Erkenntnis überwunden werden solle. Daher erscheint es ihm als entscheidend „ebenso [arm] zu sein, auf dass ihr diese Rede verstehet; denn
ich sage euch bei der ewigen Wahrheit: wenn ihr dieser Wahrheit, von
der wir nun sprechen wollen, nicht gleicht, so könnt ihr mich nicht verstehen" (Rohr / Weltzien 1993, 194).

Meister Eckhart glaubt, diese Angleichung durch Abgeschiedenheit
im Sinne einer ‚inneren Armut' erreichen zu können. Es geht ihm aber
nicht um eine weltferne Abgeschiedenheit oder Eremitentum, sondern
vielmehr darum, frei zu werden von gedanklichen Bindungen.

> „Das ist ein lediges Gemüt, das durch nichts beirrt und an nichts gebunden ist, das
> sein Bestes an keine Weise gebunden hat und in nichts auf das Seine sieht, vielmehr
> völlig in den liebsten Willen Gottes versunken ist und sich des Seinigen entäußert
> hat" (Rohr / Weltzien 1993, 200).

Die ‚innere Armut' bedeutet für ihn nicht eine äußerliche, materielle
Armut, und auch sicherlich nicht Armut im Sinne einer unerfüllten Leere, sondern eine Art geistliche Armut. Wie dies zu verstehen ist, führt er
weiter aus, indem er sagt: „Das ist ein armer Mensch, der nichts will und
nichts weiß und nichts hat" (Rohr / Weltzien 1993, 194).

Meister Eckhart sieht insbesondere den Willen für problematisch an, weil durch ihn auch die Offenbarung Gottes in Gedanken, Worten und Werken entsteht; und damit wiederum eine Differenz zwischen Gott und dem Menschen. All das, was der Mensch noch will, ist er nach Meister Eckhart nicht, sondern gibt es lediglich vor zu sein bzw. wünscht es zu sein.

> „Solange ihr den Willen habt, den Willen Gottes zu erfüllen, und Verlangen habt nach der Ewigkeit und nach Gott, solange seid ihr nicht richtig arm. Denn nur das ist ein armer Mensch, der nichts will und nichts begehrt. Als ich (noch) in meiner ersten Ursache stand, da hatte ich keinen Gott, da war ich Ursache meiner selbst. Ich wollte nichts, ich begehrte nichts, denn ich war ein lediges Sein und ein Erkennen meiner selbst im Genuß der Wahrheit. Da wollte ich mich selbst und wollte nichts sonst; was ich wollte, das war ich und was ich war, das wollte ich, und hier stand ich Gottes und aller Dinge ledig" (Rohr / Weltzien 1993, 195).

Darüber hinaus fordert Meister Eckhart, dass die Armut um das Nichtwissen erweitert werden solle, wobei er sich vorstellt, dass auch das Wissen um das Wirken Gottes in der Seele einen Unterschied entstehen lässt. Er beruft sich daher auf ein Etwas in der Seele, „aus dem Erkenntnis und Liebe ausfließen, es selbst erkennt und liebt nicht, wie's die Kräfte der Seele tun. Wer dieses (Etwas) kennen lernt, der erkennt, worin die Seligkeit liegt. Es hat weder Vor noch Nach, und es wartet auf nichts Hinzukommendes, denn es kann weder gewinnen noch verlieren. Deshalb ist es auch des Wissens darum, dass Gott in ihm wirke beraubt" (Rohr / Weltzien 1993, 196).

Neben dem christlichen Verständnis von Armut und den Ausführungen des Meister Eckharts, gibt es eine ähnlich positiv besetzte Form, die unabhängig vom Christentum existiert, auch wenn sie in ihren Anliegen diesem nicht zu wider läuft. Dabei handelt es sich ebenfalls um ein von Menschen bewusst arm geführtes Leben, das sich angesichts der zunehmenden Umweltprobleme und der wachsenden Anzahl derer, die zu den Verlierern von Globalisierungsprozessen gehören, gegen Konsum und Luxus richtet. In diesem Sinne ist auch die folgende Geschichte zu verstehen:

Eines Tages nahm ein Mann seinen Sohn mit aufs Land, um ihm zu zeigen, wie arme Leute leben. Vater und Sohn verbrachten einen Tag und eine Nacht auf einer Farm einer sehr armen Familie. Als sie wieder zurückkehrten, fragte der Vater seinen Sohn: „Wie war dieser Ausflug ?" „Sehr interessant !" antwortete der Sohn. „Und hast du gesehen, wie arm Menschen sein können?" „Oh ja, Vater, das habe ich gesehen." „Was hast du also gelernt ?" fragte der Vater. Und der Sohn antworte-te : „Ich habe gesehen, dass wir einen Hund haben und die Leute auf der Farm haben vier. Wir haben einen Swimmingpool, der bis zur Mitte unseres Gartens reicht, und sie haben einen See, der gar nicht mehr aufhört. Wir haben prächtige Lampen in unserem Garten und sie haben die Sterne. Unsere Terrasse reicht bis zum Vorgarten und sie haben den ganzen Horizont." Der Vater war sprachlos. Und der Sohn fügte noch hinzu : „Danke Vater, dass du mir gezeigt hast, wie arm wir sind."

Die hier geschilderte Sichtweise von Armut bzw. innerem Reichtum basiert nicht nur auf der positiven Besetzung eines Begriffes sowie der Entscheidung, ein bewusst gewähltes Leben zu führen, sondern beinhaltet auch die Sehnsucht nach einem Leben, das Offenheit schafft zu mitmenschlichem Geben und Empfangen, zu einem Leben in Gemeinschaft, das im Gegensatz steht „zum Bestehen auf Recht und Macht, auf Leistung und Gegenleistung. Armut macht zum Dienen bereit. Sie führt aus der Vereinzelung heraus und kann so eine Antwort auf die Sehnsucht vieler nach einer Gemeinschaftserfahrung geben" (Schütz 1992, 71).

Innerer Reichtum muss jedoch nicht zwangsläufig durch äußere Armut entstehen. Je mehr die materielle Armut sich als Lebenszwang und nicht als individuell getroffene Entscheidung erweist, umso unwahrscheinlicher erscheint ein solcher Zusammenhang. Dennoch wird deutlich, dass innerer Reichtum äußerliche Armut ausgleichen oder sogar überflügeln kann. Umgekehrt ließe sich vermuten, dass ‚innere Armut' äußeren Reichtum als bloßen ‚schönen Schein' entlarven kann. Ein luxuriös eingerichtetes Haus kann unbeseelt bleiben, wenn es in keiner Weise vom inneren Reichtum seiner Bewohner zeugt. Ebenso kann eine einfache Hütte in einem Slum geradezu einladend wirken, wenn sie von der Herzlichkeit ihrer Bewohner beseelt ist. ‚Innere Armut' kann also mehr oder weniger offensichtlich, meist aber spürbar, äußeren Reichtum untergraben und relativieren.

3.3 Die armen Reichen oder die Sehnsucht nach innerem Reichtum

> „Und plötzlich in diesem mühsamen Nirgends, plötzlich
> die unsägliche Stelle, wo sich das Zuwenig
> unbegreiflich verwandelt -, umspringt
> in jenes leere Zuviel."
>
> *Rainer Maria Rilke*

Deutschland ist zu Beginn des 21. Jahrhunderts nicht nur das Land der so genannten ‚neuen Armut', sondern vor allem nach wie vor ein Land des Reichtums. Während die einen unter dem Existenzminimum leben, leben die anderen ‚über' dem Existenzmaximum. Auch wenn viele Menschen an ihrem Reichtum gar nicht ‚Schuld' sind, weil sie in ihn hineingeboren wurden, ebenso wie man in Armut hineingeboren werden kann, wird ein Leben in großem materiellen Reichtum oft mit Begriffen wie ‚Gewinnermentalität', ‚Fleiß' und ‚Erfolg' versehen. Wer fleißig ist, der erreicht auch etwas! Das moderne Pekunariat, wie die Soziologie die Oberen der Oberschicht bezeichnet, gilt sozusagen als Ausgangs- wie Endpunkt einer befreiten Gesellschaft. Real existierende Lebensmöglichkeiten, Chancen und Glück werden dabei gerne übersehen.

> „Es ist nicht Armut, nicht der Mangel an Gütern, sondern das Verlangen nach menschlichem Sein überhaupt, was nach Gesellschaft verlangt und Reichtum schafft, und es ist der Reichtum, der solches Verlangen befriedigt, wie hierbei zugleich auch stoffliche Not, Hunger, auflöst. Die Not existierender Bedürfnisse ist eine Not, die im Reichtum selbst entsteht und auch dort behoben wird, indem die gesellschaftlich notwendigen Güter hervorgebracht werden. Was Menschen erzeugt haben, existiert in ihrem Reichtum: der Reichhaltigkeit ihrer Bedürfnisse und dem Vermögen ihrer Produktionsmittel die hierfür nötigen Güter zu schaffen" (Pfreundschuh 2007, 20).

Ist aber dann das Leben am oberen Rand des Existenzmaximums soviel anders als das Leben unterhalb des Existenzminimums? Sicherlich: Um das äußere Überleben, um die Ausstattung mit lebensnotwendigen

Dingen, um witterungsgerechte Kleidung, gesunde Nahrungsmittel und ausreichende medizinische Versorgung wird sich unter den Reichen niemand Gedanken machen müssen.

Dennoch gibt es oft mehr Handicaps als nur das beim Golfspielen, die sich nicht wesentlich von denen unterscheiden, welche entstehen können, wenn man in materieller Armut lebt. Wer sehr reich ist, ist oftmals darauf angewiesen, den eigenen Besitz und die eigene Person nach außen hin abzuschirmen. Steht die betreffende Person durch entsprechende Aufgaben zudem in der medialen Öffentlichkeit, so wird von ihr oft mehr als von anderen ein vorbildliches Leben erwartet; ein Leben, das frei ist von Skandalen und Brüchigkeiten. Doch durch diese oder ähnliche Lebensgegebenheiten kann Reichtum auch zu großer Lebensunzufriedenheit führen: so wird einem möglicherweise unterstellt, den eigenen Reichtum auf Kosten anderer erworben zu haben, so wie man Menschen in Armut oft vorwirft, den Sozialstaat auszubeuten und ebenfalls auf Kosten anderer Menschen zu leben. Schwerer noch kann aber der Verlust von echten Aufgaben und regelmäßiger Arbeit wiegen. Während ein Leben in materieller Armut oft durch Arbeitslosigkeit gekennzeichnet ist, so ist das Leben in Reichtum oft genug davon bestimmt, nicht mehr selbst zu arbeiten, sondern das Geld arbeiten zu lassen. Man ist also ebenfalls arbeitslos, wenn auch in einem anderen Sinn. So skurril es klingen mag: wenn nur noch Fragen bleiben wie ‚Wen sollen wir einladen?', ‚Was soll ich anziehen?' oder ‚Was soll ich heute machen?', kann dies ebenso belastend sein wie ein Leben in materieller Armut zu führen.

Untersuchungen unter sehr reichen Leuten, die nicht arbeiten (müssen), haben ergeben, dass sie sich im Durchschnitt oft nicht mehr als fünf Minuten am Stück konzentrieren können (vgl. HR2 2006). Das heißt, sie haben verlernt, sich mit einer Arbeit oder einer Aufgabe konzentriert auseinanderzusetzen. Übermäßiger Reichtum kann demnach zu einer Entwertung des Lebens führen, verursacht durch die nicht gegebene Notwendigkeit arbeiten zu müssen. Zur (scheinbaren) Sinnerfüllung bleibt dann oft nur ein ausgeprägtes Konsumverhalten.

„Aber der Konsum ist kein tragendes gesellschaftliches Verhältnis. Er koppelt die Menschen lediglich von ihrer Gesellschaft ab und treibt sie dazu, ihre Gesellschaftsunabhängigkeit, ihre Isoliertheit wie Süchte dadurch zu kompensieren, dass sie möglichst viel verschlingen, um mit Inhalten und Bezügen irgendwelcher Art gefüllt zu sein, die ganz allgemein und abstrakt Sinn für sie haben" (Pfreundschuh 2007, 23) oder Sinn zu haben scheinen.

Sehr viel Geld zu besitzen, heißt auch, sich ständig schützen zu müssen und Menschen misstrauisch darauf zu überprüfen, ob sie wahre Freunde oder aber Bittsteller sind. Dadurch kann Reichtum ebenso zu sozialer Ausgrenzung führen wie Armut. Manche glauben sich sogar verfolgt, ständig in der Gefahr ausgeraubt zu werden, und sitzen daher vereinsamt in ihren prunkvollen goldenen Käfigen oder - als Steuerflüchtlinge - wie Gefangene in Orten wie Davos, Monte Carlo und in der Südsee. Sie wissen vielleicht nicht einmal, ob sie um ihrer selbst geliebt oder gar geheiratet werden. „Armut ist hier vor allem die Unmöglichkeit, an dieser Welt teil zu haben. Sie besteht daher immer auch aus Krisen der Selbstwahrnehmung, gleichgültig ob mit oder ohne Geldvermögen" (Pfreundschuh 2007, 418).

Die möglicherweise aufkeimende Sehnsucht der an Reichtum leidenden Menschen nach dem ‚einfachen Leben' erschöpft sich letztlich jedoch in symbolischen Gesten.

„Der Reichtum an Geld stellt sich als Glück ein, wo Vielfalt herrscht und ist doch nur Einfalt der Herrschenden, welche über den Gehalt ihrer Beziehungen nichts wissen wollen. Würden sie sich im Antlitz der Armut erkennen, so müssten sie das Licht scheuen, das ihr Geldbesitz abstrahlt" (Pfreundschuh 2007, 26).

Aus der Soziologie ist bekannt, dass der Neid auf sehr reiche Menschen nicht in erster Linie von Menschen in Armut ausgeht, sondern besonders stark innerhalb der eigenen, reichen Schicht vorhanden ist. Das Leben ist zwar kein materieller Überlebenskampf, aber umso mehr ein Kampf um Anerkennung, Erfolg und Gunst. Möglicherweise gibt es auch so etwas wie ein Unbehagen am eigenen Reichtum, der sich dann in Missgunst anderen gegenüber projiziert. Sich als Mensch erster Klasse zu fühlen, kann also ebenso belastend sein, wie sich als Mensch unterster Klasse zu fühlen.

Letztlich kann ein Leben ‚über' dem Existenzmaximum zu einer Verwerfung positiver Wertvorstellungen führen: Wo Knappheit und Not ganz natürlich bzw. erzwungenermaßen Ordnungen, Werte und Prioritäten schaffen, verlieren sich im Überfluss alle Relationen und Wertmaßstäbe: alles ist möglich und dadurch auch beliebig. Und so verwundert es nicht, dass Kinder und Jugendliche, die in großem materiellem Reichtum aufwachsen, beispielsweise neues Spielzeug achtlos in die Ecke werfen, sich permanent langweilen, den ‚Kick' im Leben suchen und kaum Interessen zeigen, weil ihnen materiell alles zufliegt, sie sich aber wenig oder gar nichts erarbeiten müssen.

Aus der Oberschicht gibt es oft ebenso wenig ein Entkommen wie aus der Unterschicht. Mehr noch:

> „Aus der Entfremdung des Menschen als Gattungswesen wird die Selbstentfremdung von Individuen, die in ihrem Leben für sich keinen Sinn, bzw. unendlich viel Sinn haben, ohne hierin sinnliche Erkenntnis zu leben und sich hieraus kulturell zu gestalten. (...) Ihr Reichtum hat die Welt der Armut wahr" (Pfreundschuh 2007, 26).

Natürlich soll übermäßig reichen Menschen nicht unterstellt werden, grundsätzlich in ‚innerer Armut' und sozialer Ausgegrenztheit zu leben, ebenso wenig, wie dies Menschen in materieller Armut attribuiert werden soll.

Provokativ gesprochen, könnte es sich möglicherweise so verhalten, dass man sich besonders dann, wenn man materiell reich ist, einer möglichen ‚inneren Armut' bewusst werden kann – des Kontrastes wegen. Wenn man äußerlich arm ist, wird man sich seiner ‚inneren Armut' vielleicht gar nicht in diesem Maße bewusst werden, weil ein Lebenskontrast fehlt. Wenn man materiell äußerst reich ist, mag es einem plötzlich wie Schuppen von den Augen fallen: ‚Innerlich bin ich arm!'

Der einerseits nur scheinbar existierende und andererseits dennoch ganz reale Gegensatz von Armut und Reichtum, kann wohl nur aufgehoben werden, „wenn auch deren kulturelle Inhalte in der Menschwerdung der Gesellschaft sich aufeinander beziehen lassen. Nur wenn auch die kulturell verselbstständigten Welten unterschiedlich begüterter Menschen zueinander finden, wird der Frieden im Arbeitsprozess, das Ende des Klassenkampfs, zu finden sein" (Pfreundschuh 2007, 406).

Um die Möglichkeiten einer solchen Aufhebung wird es an anderer Stelle noch gehen (vgl. 5.2). Zunächst aber soll der Frage nachgegangen werden, was ‚innere Armut' bewirken kann.

4 Wirkungen

4.1 Was ‚innere Armut' bewirken kann

Dass ‚innere Armut' sich ganz unterschiedlich artikulieren kann, wurde schon deutlich. Wie sie in den Beziehungen zwischen Eltern, Elternteilen sowie Kindern und Jugendlichen wirken kann, soll im Folgenden näher dargestellt werden. Dabei geht es nicht darum, Beschreibungen längst bekannter Begriffe und Phänomene anzubieten, sondern zu zeigen, in welcher Intensität die bereits aufgezeigten Prozesse und Bewegungen zu sich verdichtenden, das Leben verengenden Zuständen werden oder gar zu ‚innerem Stillstand' führen können. Die dargestellten Phänomene sind nicht Inbegriff ‚innerer Armut', sondern Ergebnis vielschichtiger Prozesse, die ihre Dynamik verloren haben und daher erstarrt sind. Sie sind als Zustandsbeschreibungen nicht Beispiel einer zwingenden Kausalität von Armut oder Reichtum. Es lässt sich demnach keine Gewissheitsaussage über sie treffen. Dennoch sind sie Beispiele von Wahrscheinlichkeiten, die in den Tiefendimensionen menschlichen Erlebens eine ‚innere Verarmung' bewirken können.

4.2 Überforderung

Überforderung als eine Wirkungsmöglichkeit ‚innerer Armut', als Artikulation von Armut überhaupt zu betrachten, erscheint auf den ersten Blick widersinnig. Im ‚über' verbirgt sich etwas Überschreitendes, Überfließendes – eigentlich ein ‚mehr' von etwas. Leben in äußerer wie ‚innerer' Armut spielt sich aber gemeinhin immer in Formen des ‚weniger von etwas' oder ‚unter etwas', beispielsweise unter dem Existenzminimum leben, ab. Allem Anschein nach gibt es aber auch das Gegenteil. Was ist mit Überforderung im Zusammenhang von ‚innerer Armut' gemeint?

Betrachtet man das Leben in Armut noch einmal von seinen offensichtlichen Seiten, so stellt sich Überforderung immer dann ein, wenn man mit Lebensbedingungen zurechtkommen muss, die keine Gestaltungsfreiräume mehr lassen oder aber die eigenen Möglichkeiten übersteigen. Diese Formen der Überforderungen treten oft im Zusammenhang mit materiellen Situationen auf, wenn z.B. ein eigenes Zimmer für einen Jugendlichen oder ein Schreibtisch für einen Schulanfänger benötigt werden, die Wohnsituation und der ‚Geldbeutel' solche Notwendigkeiten aber nicht zulassen. In Folge davon können sich Erziehungsschwierigkeiten einstellen, weil man sich zu nahe kommt, zu eng aufeinander leben muss und dem Jugendlichen eine Rückzugsmöglichkeit in etwas Eigenes nicht angeboten werden kann. Zudem können sich Konflikte mit schulischen Anforderungen ergeben, weil es keinen ruhigen Platz zum Hausaufgaben machen gibt. Es ließen sich noch weitere Beispiele des konkreten Alltagsvollzugs finden, aus denen sich durch Überforderung Beziehungs- und Erziehungsprobleme ergeben können. Das Leben in materieller Armut schafft Lebensgegebenheiten, die äußerlich wie innerlich überfordern.

Überforderung heißt aber auch, Aufgaben und Rollen zu übernehmen, die nicht kindgemäß oder altersangemessen sind. Von Kindern und Jugendlichen, die in sozial schwierigen Lebensverhältnissen aufwachsen, weiß man, dass sie oft sehr früh Verantwortung für sich und ihre jüngeren Geschwister übernehmen müssen. Sei es, weil beide Elternteile lange arbeiten müssen oder aber auch, weil sich die Eltern von der Aufgabe für ihre Kinder zu sorgen, überfordert sehen. Hinlänglich bekannt ist in diesem Zusammenhang, dass Eltern, die am sozialen Rand der Gesellschaft leben, so sehr von ihrer Lebenssituation gefangen sein können, geradezu gelähmt sind, dass sie nicht in der Lage sind, einen Elternabend in der

Schule zu besuchen oder ihr Kind regelmäßig zum Kindergarten zu bringen.

Umgekehrt gibt es auch Kinder und Jugendliche, die in materiellem Überfluss aufwachsen und deren Eltern ebenfalls wenig Anteil an deren Leben nehmen, weil sie ihrer Arbeit oder anderen Interessen nachgehen. Zuweilen laufen auch diese Elternhäuser Gefahr, ihren Nachwuchs in Rollen zu drängen, die nicht dem Alter angemessen sind und dadurch eine Überforderung darstellen: sei es, dass die betroffenen Kinder aus sozialen Gründen alle möglichen exklusiven Freizeitbetätigungen ausüben müssen, sei es, dass sie in die Rolle derjenigen gedrängt werden, die das ‚Erbe' der Eltern antreten sollen und dies schon sehr früh gesellschaftlich zu repräsentieren haben.

Kinder, die solche Aufgaben von ihren Eltern mehr oder weniger direkt übertragen bekommen, leben äußerlich Rollen, die sie innerlich nur schwer oder gar nicht ausfüllen können, die sie in ein zu frühes Erwachsensein drängen oder aber im Konflikt von Pflichterfüllung einerseits und Spiel- und Freizeitbedürfnis andererseits, innerlich zu zerreißen drohen.

Überforderung kann aber auch ganz allgemein durch Überfluss entstehen. Kinder und Jugendliche, die sehr viel besitzen und die materiell mit allem überhäuft werden, können unter Umständen darunter leiden, dass es (scheinbar) nichts mehr gibt, das auf sie noch wartet bzw. auf das es sich noch zu warten lohnt. Ihre Sehnsucht kann sich auf nichts mehr richten, weil sie alles schon haben, auf nichts warten, um nichts kämpfen, für nichts arbeiten müssen. So kann aus Überfluss eine Form von Überforderung werden, die sich in Überdruss und Langeweile äußert. Wenn aber die Sehnsüchte im Leben aufgrund eines ‚Zuviel' gar nicht erst entstehen können, keine Richtung und keinen Ort (mehr) kennen, dann drohen aus Lebensinhalten Ablenkungen und aus Lebensaufgaben Zerstreuungen zu werden. Das Leben in seiner ganzen Überfülle schafft letztlich eine innerlich kaum zu ertragende Leere. Dass es Kinder und Jugendliche gibt, die aufgrund einer solchen Leere auch kriminell werden, ist lange bekannt. Erst das delinquente Verhalten reichert sie innerlich wieder an, gibt ihnen den Kick und lässt sie sich und ihr Leben spüren.

Bezogen auf den von der Postmoderne ‚propagierten' Lebensstil, bedeutet Überforderung für viele Kinder und Jugendliche auch, durch Werbung und andere Beeinflussungen Konsum und vielfältigen Versuchungen ausgeliefert zu sein, die letztlich nicht das Kind oder den Jugendlichen im Blick haben, sondern ihre jeweilige Kaufkraft. Zudem sind sie mehr denn je gefordert, äußerlich vor Gleichaltrigen bestehen zu können und im suggerierten Konsumverhalten ständig auf dem neusten Stand zu bleiben.

Überforderung besteht aus verschiedenen Aspekten. Meistens hat sie zur Folge, dass sie Kindern und Jugendlichen zumindest ein Stück weit ihre Kindheit und ihre Jugendzeit unwiederbringlich abfordert.

4.3   Vernachlässigung

Vernachlässigung kennt viele Gesichter und Adressaten. Im UNICEF-Bericht zur Situation der Kinder in Industrieländern (vgl. 2007) wird deutlich hervorgehoben, dass mehr als die Hälfte der 15-jährigen Deutschen angeben, ihre Eltern hätten kaum Zeit, sich mit ihnen zu unterhalten. Im Vergleich zu 25 Industrieländern erreichte Deutschland in dieser sehr schwer zu messenden Dimension der „Beziehung zu Gleichaltrigen und Eltern" (ebd.) den letzten Platz. Ist dies ein Zeichen ‚innerer Armut' der Beziehungen von Familienmitgliedern zueinander oder handelt es sich ‚nur' um die gesellschaftlichen Folgen arbeitsmarktpolitischer Notwendigkeiten? Ohne Schuldzuweisungen machen zu wollen, scheint es sich auch auf den ‚zweiten Blick' doch um eine Form emotionaler, und damit innerer Vernachlässigung zu handeln.

Meist wird mit dem Begriff ‚Vernachlässigung' aber etwas ganz anderes assoziiert: Im körperlichen Bereich versteht man unter Vernachlässigung die mangelhafte oder fehlende Pflege eines Menschen: z.B., wenn ein Patient nicht behandelt wird oder ein Säugling bzw. ein alter Mensch in seinen Exkrementen liegengelassen wird. Die Folgen sind oft gravierend und zeigen sich in der Nichterkennung oder Fehlbehandlung von Krankheiten, in Unter- und Fehlernährung, aber auch in Infektionen und Liegegeschwüren. In erweitertem Sinne gehört auch die falsche Vergabe und Anwendung von Medikamenten in Krankenhäusern oder Altenheimen zu den Formen körperlicher Vernachlässigung. Sie führen in extremen Fällen oder bei Vernachlässigung über längere Zeiträume oftmals zum Tod.

Die psychische Vernachlässigung dagegen meint die lieblose und unpersönliche Betreuung oder Behandlung eines Menschen, die sich beispielsweise durch permanentes Anschreien, Einschüchterung, Beleidigung oder Missachtung ausdrückt. Die Folgen einer psychischen Vernachlässigung sind oft nicht so unmittelbar zu erkennen wie dies bei körperlicher Vernachlässigung der Fall ist. Längst aber ist bekannt, dass es in Folge zu Entwicklungsverzögerungen, Belastungs- und Bindungsstörungen kommen kann. Bei alten Menschen ebenso wie bei kleinen Kindern, kann psychische Vernachlässigung auch dazu führen, dass bereits erworbene Fähigkeiten wieder verloren gehen. Eine Kombination aus körperlicher und psychischer Vernachlässigung stellen alle freiheitsentziehenden Maßnahmen dar, wenn meist alte Menschen oder Kinder festgebunden oder eingesperrt werden.

Emotionale Vernachlässigung, gepaart mit andauernder Missachtung, kann zu psychischem Hospitalismus führen. Unter Hospitalismus versteht man alle körperlichen und seelischen Folgen von Vernachlässigung, mangelnder Umsorgung und liebloser Behandlung. Ursprünglich trägt der Sammelbegriff des Hospitalismus die Bezeichnung ‚Deprivationssyndrom‘, was auf ‚deprivare‘, das Berauben von emotionaler Zuwendung und vielfältigen Umwelterfahrungen verweist.

In dem Moment, wo Formen der Vernachlässigung so schwerwiegend sind, dass sie dauerhafte Folgen haben, in denen sich seelisch negative Entwicklungen manifestieren, spricht man von Hospitalismus.

Für die Fragen rund um ‚innere Armut' ist vor allem der so genannte psychische Hospitalismus von Interesse. Er äußert sich durch Entwicklungsverzögerungen und Entwicklungsstörungen, die in Folge unpersönlicher Betreuung und mangelhafter individueller Zuwendung entstehen. Durch die lieblose Betreuung zu Hause, die schwierige, instabile oder immer wieder wechselnde Beziehung von Eltern, kann es zu einer ängstlich-widerstrebenden oder einer ängstlich-vermeidenden Bindung des Kindes an Erwachsene kommen. Das Urvertrauen der Kinder wird nicht in genügendem Maße aufgebaut oder aber sehr frühzeitig wieder zerstört. Besonders Kinder aus sehr kinderreichen Familien, die in sozial bedrängenden Verhältnissen leben und aufwachsen, sind von psychischem Hospitalismus bedroht. Oftmals lassen die Wohnsituation, die fehlende Alltagsstruktur und die mögliche, nicht aber zwingend notwendige Überforderung der Eltern nur eine ‚Abfertigung wie am Fließband' zu, so dass nicht einmal alle Grundbedürfnisse ausreichend befriedigt werden können und von intensiver emotionaler Zuwendung überhaupt nicht die Rede sein kann.

Folgt man psychiatrischen oder klinischen Untersuchungen, so können folgende Merkmale und Entwicklungen die Folge dieser Vernachlässigungsformen sein, auch wenn die hier aufgeführten Aspekte je nach individueller Situation unterschiedlich auftreten:

- erhöhte Krankheitsanfälligkeit und Sterblichkeit der Säuglinge und Kinder, vermehrtes Auftreten von Infektionskrankheiten
- Appetitverminderung oder übermäßige Esslust, Essen wird gesammelt und irgendwo eingelagert, z.B. unterm Bett (bei Kindern, die neben der emotionalen Vernachlässigung auch Hunger erfahren haben)
- motorische Verlangsamung, ungenügende Reaktionsfähigkeit
- passive Grundstimmung, Teilnahmslosigkeit bis hin zur Apathie
- Kontaktstörungen und Wahrnehmungsstörungen
- Erzwingen von Aufmerksamkeit durch ‚negatives' Verhalten wie beispielsweise ‚stehlen' oder ‚lügen'

- mögliche Entwicklung einer Bindungsstörung oder Borderline-Persönlichkeit als Folge von Resignation und fehlender ,Nestwärme'
- motorische Unruhe und Stereotypien, aber auch selbstverletzendes Verhalten
- Störungen der Aufmerksamkeit und der Konzentration, schnelle Ermüdbarkeit
- geringe oder gar fehlende Frustrationstoleranz, Neigung zu Wutanfällen, Aggressionen und Reizbarkeit
- mangelnde soziale Integration oder gar keine Sozialisation, Neigung zu ,asozialem' Verhalten
- Minderwuchs oder Abmagerung durch mangelhafte Ernährung, insgesamt schlechter körperlicher Zustand
- ungepflegtes Äußeres, verschmutzte und zerlumpte Kleidung, mangelnde Körperhygiene
- intellektuelle und emotionale Entwicklungsverzögerungen
- Angstzustände, vermeidendes Verhalten
- geringes Selbstwertgefühl
- mangelhaftes Gefühl von Geborgenheit und wenig Urvertrauen
- Verantwortungslosigkeit gegenüber sich selbst und den Mitmenschen, entstanden aus der Notwendigkeit, sich ständig und zuerst um das eigene Wohl kümmern zu müssen
- mangelnde Kritikfähigkeit, gesteigerte Empfindlichkeit gegenüber Kränkungen

Angesichts dieser Auflistung ist es wichtig darauf hinzuweisen, dass Vernachlässigung im Zusammenhang mit materieller Armut stehen kann, nicht aber muss:

> „'Wenn ein Kind noch die Windeln vom Vortag anhat', dann hat das meist nichts mit zu wenig Geld für Windeln zu tun. Auch ,fehlendes Frühstück' oder ,kein geregelter Tagesablauf' als Zeichen von Vernachlässigung werden zwar im Zusammenhang mit armen Familien angesprochen, aber nicht unbedingt nur auf diese bezogen" (Holz / Hock 1999, 12).

Einige der hier genannten Merkmale von Vernachlässigung wären durchaus auch bei materiell sehr gut gestellten Familien denkbar.

Interessant erscheint in diese Zusammenhang aber auch die Mannheimer Studie zur Früherkennung von Ablehnung und Vernachlässigung aus dem Jahre 1990. Dieser Studie gelang es erstmals, den Zusammenhang von Vernachlässigung und psychosozialer Situation nachzuweisen. Man kam zu dem Ergebnis, dass vor jeder Misshandlung Ablehnung und Vernachlässigung stehen. Besonders die Kriterien ‚mangelnde Schulbildung', ‚gestörte Partnerbeziehung', ‚frühe Elternschaft', ‚ungewollte Schwangerschaft' und ‚mangelndes Coping' führen im Zusammenhang mit der Vernachlässigung von Kindern dazu, dass es sich oft um Eltern handelt, die mit Stress nicht gut umgehen können und die aufgrund der hohen Belastungen durch ihre sozial und materiell bedrängenden Situationen, denen sie ausgesetzt sind, keine liebevolle und fürsorgliche Beziehung zu ihren Kindern aufbauen können.

Vernachlässigung bleibt trotz aller Erkenntnisse ein schwierig zu fassender Begriff, der in seinen Ausprägungen sehr unterschiedlich ist. Herrmann weist darauf hin, dass „sowohl individuelle, elterliche, kindliche als auch gesellschaftliche Faktoren" (2005, 1) zum Phänomen der Vernachlässigung beitragen. Ganz grundsätzlich lässt sich Vernachlässigung wohl als Form passiver Misshandlung beschreiben, die sich in eine körperliche und eine emotionale, also innere, Dimension unterscheiden lassen. Während bei körperlicher Vernachlässigung beispielsweise falsche Ernährung, fehlende Hygiene oder auch fehlende medizinische Versorgung eine Rolle spielen, handelt es sich bei innerer Vernachlässigung „um inadäquate oder fehlende emotionale Fürsorge und Zuwendung" (ders., 2) sowie um ein „nicht hinreichendes oder ständig wechselndes und dadurch insuffizientes emotionales Beziehungsangebot" (ebd.). Konkret bedeutet dies:

- keine oder nur sehr geringe Zuwendung, Liebe, Respekt und Geborgenheit
- mangelnde Anregungen und Förderungen in allen Lebensdimensionen
- keine oder zu wenig Unterstützung bei der schulischen Entwicklung
- keine oder aber sehr rigide Grenzsetzung
- kaum Hinweise auf Gefahren von Alltagssituationen

„Den Kindern und Jugendlichen wird durch Schmähungen, Herabsetzungen, Lächerlich machen, Einschüchtern oder Ignorieren vermittelt, dass sie wertlos, fehlerhaft, ungeliebt oder ungewollt sind" (Herrmann 2005, 5). Ohne die betroffenen Familien psychologisieren zu wollen, kann dennoch vermutet werden, dass Eltern oder Elternteile erfahrene gesellschaftliche Ablehnung, das Gefühl des Nicht-Gebraucht-Werdens und das so entstandene, gesellschaftlich vermittelte Minderwertigkeitsgefühl an ihre Kinder weitergeben. So kann es kaum verwundern, dass Glaser (vgl. 2002) herausgefunden hat, dass Kinder und Jugendliche, die emotional vernachlässigt werden, oftmals folgende Wesensmerkmale aufweisen:

- niedriges Selbstwertgefühl, negative Emotionalität und Lebenseinstellung, Angststörungen
- Störungen der Impulskontrolle, Borderline-Persönlichkeiten, Reizbarkeit, emotionale Starre, selbstverletzendes Verhalten
- Bindungsprobleme, Übergrifflichkeit, Aggression, Abhängigkeit, niedrige Sympathie und Empathie für andere
- Lernstörungen, verzerrte Moralvorstellungen

Es lässt sich vermuten, dass die Energien der Eltern durch die Erfahrung von sozialer Benachteiligung und materieller Armut so stark gebunden sind, dass ihnen oftmals die Kräfte fehlen, um sich ihren Kindern gegenüber situationsangemessen, vielschichtig und vor allem immer wieder emotional offen und letztlich ‚einfach' geduldig und liebevoll zu zeigen.

Armut aber, in welcher Form auch immer, bedeutet Stress. Und so schränken sich auf fast schon ‚natürliche' Art und Weise die emotionalen Reaktions- und Handlungsmöglichkeiten der Kinder und Jugendlichen in ihrem sozialen Umfeld ein, weil sie es von ihren Eltern nicht erlernen konnten und können. Wer vom Leben statt Sicherheit eine unsichere Zukunft, statt Geborgenheit ein in jeder Hinsicht beengtes Leben und statt Feingefühl soziale Härte erfährt, dem bleibt nichts oder nur äußerst wenig ‚anzubieten', was Kindern und Jugendlichen in ihrer inneren Entwicklung und ihren seelischen Bedürfnissen gut tut.

Vernachlässigung als Ausdruck ‚innerer Armut' lässt sich also charakterisieren als ein Prozess, in dem die emotionalen Energien im Umgang mit den eigenen Kindern, aber auch mit sich und einem Partner nachgelassen haben oder immer stärker nachlassen.

Das Leben in großer Armut wie auch großem Reichtum kann auf die Betroffenen so stark eindimensional wirken, dass ihnen alle Energien entzogen oder ‚abgelenkt' werden, die die Seele noch fein stimmen könnten.

Vernachlässigung als ein Phänomen ‚innerer Armut' hat ebenso wie die Selbstüberlassung, auf die an anderer Stellen noch eingegangen wird (vgl. 4.4), mit dem Grundphänomen des ‚Lassens' zu tun. Schütz formuliert aus spiritueller, also innerer Sicht, drei Formen dieses ‚Lassens' als denkbar wie auch notwendig:

> „*Loslassen* von überwertigem Wunsch- und Ich-Selbst, von angstbesetzter Selbstbehauptung und Abwehrhaltung, von einseitig subjektiven Sinnentwürfen, Verabsolutierungen und Relativierungen;
> *einlassen* in die Grundbedingungen des Mensch-Seins und in die Erfordernisse des Tages und der Stunde;
> *zulassen* der personalen Reifungsstimme zur Umkehr und Abkehr von falschen Selbstbildern und Sinnentwürfen (...)" (Schütz 1992, 500).

Ein immer wieder stattfindendes, möglicherweise lebensnotwendiges Loslassen im Sinne von Schütz scheint aber genau das zu sein, was im Erleben und Erfahren von äußerer Armut und in der sich daraus eventuell ergebenden ‚inneren Armut' nicht möglich ist. Wie kann man von angstbesetzter Selbstbehauptung und Abwehrhaltung loslassen, wenn das Leben permanent in all seinen materiellen und sozialen, aber eben auch emotionalen Härten an die Tür klopft, mehr noch: ständig durch diese hereinbricht und das Ich förmlich überfällt? Wie lässt sich Abstand nehmen, Loslassen, von einseitig subjektiven Sinnentwürfen, wenn sich ein Leben ohne Gestaltungsräume sowieso nur einseitig zeigt, wenn Lebensgegebenheiten keine Relativierungen zulassen und die Armut eine Verabsolutierung in sich selbst darstellt?

Ein Sich-Einlassen in die Grundbedingungen des Mensch-Seins und in die Erfordernisse des Tages erscheint somit verunmöglicht: Wie soll ein solches Sich-Einlassen aussehen, wenn die Lebensbedingungen durch Armut und soziale Bedrängnis geprägt sind und man dadurch unweigerlich in die Gegebenheiten eines jeden Tages gezwungen wird? Das Sich-Einlassen im Sinne von Sich-Arrangieren und Annehmen dessen, was das Leben anbietet, wird zur Notwendigkeit, weil man als Teil der Gesellschaft, die einen im Sinne Baumans (vgl. 2005) für überflüssig erklärt, gar keine andere Möglichkeit hat.

Umgekehrt fordert ein Leben in materiellem Reichtum dieses Sich-Einlassen, diese Form existentieller Auseinandersetzung gar nicht unbedingt ab, weil sich mit Geld und Konsum vieles überdecken lässt. Die möglichen ‚inneren Hohlräume' erscheinen einem selbst wie auch anderen dann zumindest auf den ersten Blick nicht so offensichtlich.

Und so mag es fast schon zynisch klingen, wenn man die Notwendigkeit eines Zulassens der Umkehr und Abkehr von falschen Selbstbildern und Sinnentwürfen als für ein innerlich reiches Leben für notwendig erklärt. Mag die Korrektur von falschen Selbstbildern auch unter den Bedingungen und Gegebenheiten von Armut möglicherweise noch denkbar sein, so verschließt sich Kindern und Jugendlichen, die in Mangel oder Überfluss aufwachsen die innere Korrektur von Sinnentwürfen wahrscheinlich gänzlich: Sinnentwürfe als solche erscheinen schon fraglich, wenn man an die äußeren wie inneren Lebensbedingungen denkt. Darüber hinaus haben Sinnentwürfe auch etwas mit Ideen und Bildern von Zukunft zu tun und diese ist, ob nun äußerlich oder innerlich, privat oder beruflich, oft genug perspektivlos oder aber in jede Richtung ‚offen'.

Was bleibt, sind unmittelbar zu befriedigende Bedürfnisse und unstillbare Sehnsüchte nach einem Leben, das in seinen Möglichkeiten wie Gegebenheiten auch ein zulassendes und vor allem ein immer wieder (sich) entwerfendes wäre. Leben in ‚innerer Armut' scheint aber vor allem ein nachlassendes Leben zu sein.

4.4   Selbstüberlassung

Dass die Folgen von Selbstüberlassung ein Aspekt ‚innerer Armut' sein können, hat sich in den vorangegangenen Kapiteln bereits angedeutet, als es einerseits um die Überforderung des Selbst von Kindern und Jugendlichen ging (vgl. 4.2) und andererseits um die Möglichkeiten wie Grenzen, das Leben loslassen bzw. sich auf es einlassen zu können.

Dieter Fischer formuliert für die Möglichkeiten des Selbst von Kindern und Jugendlichen im Sinne eines inneren Reichtums sehr positive Aspekte wie Möglichkeiten, wenn er schreibt:

> „Mehr Selbst sein, heißt, mehr zu schweigen, mehr sich selbst zu bewahren, mehr Abstand zum Anderen zu nehmen, sich mehr zurückzunehmen, nicht Worte zu erzwingen, wohl aber über Worte zu staunen und sich zu freuen, weil sie Welten schaffen und letztlich sogar Welten zaubern" (vgl. Fischer 2007).

Auf Kinder und Jugendliche aber, die stark sich selbst überlassen sind, um die sich kaum jemand kümmert, mit denen wenig gesprochen wird, die selten Zuwendung erfahren und dadurch Gefahr laufen, innerlich zu verarmen, lässt sich diese Perspektive so nicht anwenden, sondern lautete dann vielmehr: Mehr Ich sein zu müssen, heißt, mehr schweigen zu müssen, mehr sich selbst bewahren zu müssen, mehr Abstand zum Anderen nehmen zu müssen, sich mehr zurücknehmen zu müssen, Worte zu erzwingen, über Worte zu erschrecken und sich zu fürchten, weil sie Welten zerstören und letztlich sogar Welten zum Einsturz bringen können.

An beiden Perspektiven auf das Selbst von Kindern und Jugendlichen, die sich im Zusammenhang von innerem Reichtum wie ‚innerer Armut' formulieren lassen, kann man bereits erkennen, dass der Begriff der Selbstüberlassung ein für die Pädagogik sehr vielschichtiger ist. Insgesamt lassen sich wohl zwei Dimensionen des Begriffes grundsätzlich voneinander unterscheiden:

- Selbstüberlassung kann zur existentiellen Notwendigkeit werden, wo Überbehütung und Fremdkontrolle ein selbst bestimmtes Leben schon in Ansätzen verhindern. In solch einem Falle ist Selbstüberlassung die dringende Voraussetzung, um nicht innerlich zu verarmen. Überbehütung und Fremdbestimmung können jedoch zu ‚innerer Armut' führen, weil die Ausweitungen des Selbst, jedes Wachsen und Entfalten eines subjektiven Sinn- und Lebenshorizontes im Keim erstickt werden. Die ‚Welt', das ‚Außen', werden als Gefahr und als Bedrohung wahrgenommen oder dargestellt, vor der es das eigene Kind zu schützen gilt. Darüber hinaus kann das so verkümmernde, innerlich verarmende Selbst eines überbehüteten Kindes oder Jugendlichen auch zum Erfüllungsgehilfen emotionaler Bedürfnislagen der Erziehenden werden. In der Sonderpädagogik werden die Formen, das Ausmaß, die Notwendigkeit wie Grenzen der Loslösung von Fremdbestimmung und die Gewährung eines selbst bestimmten Lebens vor allem im Zusammenhang mit schwer mehrfach behinderten Menschen immer wieder heftig diskutiert.
- Umgekehrt kann Selbstüberlassung auch zur inneren Katastrophe werden, wie es bereits weiter oben angedeutet wurde. Wo die Notwendigkeiten wie Möglichkeiten einer Entfaltung von Individualität falsch verstanden oder wie in Zeiten antiautoritärer Erziehung (vgl. Kinderläden der sechziger Jahre) sogar zum

Dogma werden, dort fehlt es dem Selbst schnell an Orientierung, an Zielen und Grenzen, an die es sich halten und an denen es sich ausrichten kann und, für ein gemeinschaftliches Leben, auch muss. Andernfalls dreht sich das Selbst um die eigene Achse, ohne nach ,vorne geworfen' zu werden, ohne dass sich etwas für die Zukunft eröffnet.

Es wird also deutlich, dass Selbstüberlassung eine Gratwanderung ist, aus der im doppelten Sinne des Wortes schnell eine innere ,Zumutung' entstehen kann.

4.5 Verwahrlosung

Denkt man an Verwahrlosung im herkömmlichen Sinn, so fallen einem Kinder und Jugendliche ein, die in ,vermüllten' Wohnungen leben, die völlig abgemagert in ihrem eigenen Kot dahinvegetieren und die als einzige Zuwendung von ihren Eltern Schläge und Drohungen erleben. Nach Expertenschätzungen leben in Deutschland mehr als 10.000 Kinder in solchen oder ähnlichen Formen von Verwahrlosung, und immer wieder ereignen sich dramatische Situationen, von denen die Medien dann in Einzelfällen berichten. Ansonsten scheint Verwahrlosung von Kindern und Jugendlichen eher eine schleichende und heimliche Angelegenheit, eher ein ,stiller Tod' zu sein, von dem man als Außenstehender oft genug nichts mitbekommt.

Im Folgenden werden einige konkrete Fälle beispielhaft angeführt, die so drastisch waren, dass sie auch die Öffentlichkeit erreichten: im März 2002 lässt eine vierundzwanzigjährige Frau aus Baden-Württemberg ihr sechs Monate alte Baby verhungern und verdursten. Im Oktober 2002 verhungert in Nordrhein-Westfalen ein dreijähriges Mädchen, dessen Leichenteile erst aufgrund einer Zwangsräumung im Januar 2005 auf dem Balkon der Mutter gefunden werden. Im Februar 2004 stirbt ein elf Monate altes Baby an Hunger. Im Juni 2004 wird die Leiche eines sechsjährigen Jungen in einer Wohnung in Ostdeutschland gefunden. Die Eltern hatten ihn bereits 2001 verhungern lassen. Im Juli 2004 stirbt in Hamburg ein zweijähriges Mädchen an einem Hirnödem, das aufgrund einer nicht behandelten Mandelentzündung entstand. Im März 2005 verhungert in Hamburg ein siebenjähriges Mädchen, das in einem ungeheizten Zimmer hinter Gittern gefangen gehalten wurde. Auch im Jahr 2007 kamen mehrere Fälle ans ‚Licht', in denen Verwahrlosung von kleinen Kindern zu deren Tod führte.

Solche Schicksale ließen sich noch viele aneinander reihen. In fast allen Fällen stammten die Kinder aus sozial schwachen Familien. Und selbst wenn nicht ständig Kinder verhungern oder verdursten, so übersteigt die Zahl von etwa 10.000 Kindern, die in Deutschland in diesen groben Formen der Vernachlässigung leben, jede gutbürgerliche Vorstellung.

Der Schriftsteller Michael Kumpfmüller hat im Jahr 2002 ein solches Ereignis zum Anlass genommen, seinen sehr eindrucksvollen Roman „Durst" zu verfassen. Er versucht dabei, das Leben einer Mutter nachzuzeichnen, die sich und ihre Kinder verwahrlosen lässt. In unglaublicher Dichte gelingt es ihm, die ‚innere Armut' der jungen Mutter darzustellen, die sich – ohne dass sie vom Autor entschuldigt noch dass sie verurteilt würde – eines Tages nicht mehr anders zu helfen weiß, als ihre Kinder in der Wohnung einzusperren, den Schlüssel wegzuwerfen und zu verschwinden. Kumpfmüller gelingt es, eine Ahnung von jenem Milieu zu entwickeln, in dem sich die junge Frau bewegt: keine Arbeit, kaum Freunde, sexuelle Abhängigkeiten, Einsamkeit, das Erleben von völligem gesellschaftlichem Desinteresse etc.

> „Es gibt hier kein gelungenes Gespräch, kein Verstehen, keine Freundschaft, nicht Vater noch Mutter, die helfen könnten. Natur, Kunst, Politik, Religion und Philosophie [also alles das, was zu einem inneren Reichtum beitragen könnte] haben ausgesungen, sie sind nicht einmal mehr eine Erwähnung wert. Was früher einmal Liebe hieß, kommt nur noch vor in Gestalt verbissener Sexroutinen. Shoppen, Trinken, Fernsehen - alles geschieht aus Verzweiflung, alles ist Ersatz für einen Mangel, für den es keine Worte mehr gibt" (Kurzke 2003).

Michael Kumpfmüller hat in seinem Roman interessanterweise alles weggelassen, was auf eine konkrete Stadt oder einen konkreten Ort verweist. Die Vorstadt, die er beschreibt, könnte überall in Europa liegen. So entsteht eine Allgemeinheit, die niemandem etwas vorwirft, aber auch nichts entschuldigt und die vor allem auf eines hinweist: die entseelten Orte der „Verworfenen" (vgl. Bauman 2005), der sozial Schwachen und materiell Armen. Der Autor „erklärt nichts und rückt das Geschehen so in eine fast mythische Unerreichbarkeit. Das Potential, Kinder verdursten zu lassen, bloß weil sie lästig sind, muss so als allen Menschen innewohnend erscheinen" (Kurzke 2003). Diese Verallgemeinerung erscheint zunächst unerhört, weil sie den ‚durchschnittlichen' Bürger mit der Möglichkeit einer solchen Handlung konfrontiert. Doch nicht erst seit Berthold Brechts „Der gute Mensch von Sezuan" lässt sich eine Ahnung davon entwickeln, dass sich das Leben schnell einer bürgerlichen Moral entziehen kann, wenn es ein Leben in Armut ist. Dieser Gedanke enthebt niemanden seiner Verantwortung, aber er wirft auch die Frage auf, wo eine Gesellschaft jenen Menschen nahe war, sich ihnen verpflichtet gefühlt und gezeigt hat, deren Geschichten von der eigenen Verwahrlosung und der ihrer Kinder dann in eine mediale Öffentlichkeit geraten.

Und noch etwas erscheint bei der Suche nach Erklärungen und Verstehen bedeutsam: Mutterschaft muss nicht zwangsläufig zur Erfüllung der eigenen Fraulichkeit beitragen. Der so genannte Lilith-Komplex (vgl. Maaz 2005) führt nahezu zwangsläufig zu einer Vergiftung des Mutter-Kind-Verhältnisses und damit zur „dunklen Seite der Mütterlichkeit" (vgl. Schanze 2007). Mütter, die so handeln, wie jene beispielhaft beschriebene Frau in Kumpfmüllers Buch oder jene Mutter in Veronique Olmis Buch „Meeresrand", der es zwar gelingt, die eigenen Kinder zu töten, die aber an sich selbst scheitert, wollen „oft genug eine gute Mutter sein, sie sucht dafür intellektuelle Lösungen, sie ist vom Kopf her sehr bemüht, aber sie fühlt es nicht, sie reagiert nicht vom Bauch und vom Herzen her auf ihr Kind. Sie ist vom eigenen ‚inneren Kind' abgespalten, das selbst ein schwer verletztes oder verlassenes ist. Sie hat ihre eigene traurige Gesichte verdrängen müssen und gerät durch das eigene Kind, durch dessen Bedürftigkeit und Lebendigkeit in Gefahr, an schmerzvolle Einschränkungen und Defizite erinnert zu werden (...) Bedroht werden die mühevoll errichteten Schutzmechanismen, die kultivierte Abwehr, die der Mutter geholfen haben – meist ihre Rationalität, ihre Intellektualität, ihre Geschäftigkeit, ihre Zwanghaftigkeit, ihre Religiosität und Moralität (...) Es kommt ein Kampf zwischen Mutter und Kind in Gang – der um Leben und Tod gehen kann -, bis das Kind der Unlebendigkeit seiner Mutter geopfert ist, oder die Mutter kommt in eine existentielle Krise" (vgl. Schanze 2007).

Mit anderen Worten bezeichnet, beschwört das Kind solcher Mütter und Väter durch sein existentielles Bedürfnis nach Nähe ständig die elterlich belasteten Erfahrungen herauf und ist damit Auslöser der Angst vor der eigenen Nähe (vgl. Schmidbauer 2006). Diese existentiellen Ängste aber gilt es seitens der Mütter bzw. der Elternteile einzudämmen, um innerlich zu überleben. Die Kinder werden so zu Opfern, zum Preis dieses inneren Überlebenskampfes.

Was aber ist nun genau unter Verwahrlosung zu verstehen? Ganz allgemein gesprochen, lässt sich Verwahrlosung beschreiben als ein Zustand, in dem etwas hinter dem zurück bleibt, was als normal oder vielleicht sogar ideal angesehen wird. Gleichzeitig handelt es sich aber, Paul Moor folgend (1947, 103f.), niemals um einen Zustand, der ohne eigenes ‚Bemühen' normal oder ideal ist. Verwahrlosung bezeichnet also auch einen Zustand, in dem etwas hinter einer Normal- oder Idealvorstellung zurückbleibt, worum man sich bemühen muss, das herbeigeführt werden muss bzw. dass sich zumindest nicht von alleine einstellt. Moor ergänzt diese zwei Aspekte von Verwahrlosung um einen dritten:

> „Damit wird nun deutlicher, dass wir den Ausdruck <<verwahrlost>> nicht nur da brauchen, wo wir das Abweichen von einem Zustand, dessen Verwirklichung einer besonderen Bemühung bedarf, feststellen wollen, sondern wo wir überdies an diesem Abweichen Anstoss nehmen" (Moor 1947, 104).

Soziologisch gesehen, gilt eine Person dann als verwahrlost, wenn sie die Erwartungen, die die Gesellschaft an sie stellt, nicht oder nicht mehr erfüllt bzw. die verschiedenen Rollen, die die Gesellschaft einer Person zugedenkt, nicht mehr ausfüllt.

Die Auslegung dessen, was Verwahrlosung darstellt, ist dabei sehr subjektiv und kann weit aber auch sehr eng gefasst werden. Insgesamt lässt sich aber festhalten, dass sich verwahrloste Menschen nicht normgerecht verhalten (können) und so wirken, als hätten sie keine Kontrolle mehr über sich. Bisweilen halten sie sich nicht an die geltenden Gesetze oder missachten Staatsbürgerpflichten. So gelten aus soziologischer Wahrnehmung in einigen Ländern schon Nicht-Wähler als verwahrlost. Auch in Deutschland kennt man diesen sehr engen Verwahrlosungsbegriff, denkt man beispielsweise daran, dass bis in die siebziger Jahre hinein, Jugendliche mit langen Haaren von vielen Menschen durchaus als verwahrlost angesehen wurden.

Nach der derzeitigen Bundesstatistik gelten Obdachlose, Langzeitarbeitslose, Personen ohne Ausbildung oder Bettler als verwahrlost, wenn mindestens eine zusätzliche Bedingung hinzutritt wie Alkoholabhängigkeit, Drogensucht oder die Zugehörigkeit zu bestimmten Volksgruppen, Religionen oder auch Strafauffälligkeit.

Auch die Urbanistik und die Politologie befassen sich mit dem Phänomen der Verwahrlosung. Danach werden Städte oder Teile von Städten als verwahrlost definiert, wenn sie chaotisch werden und von der Umgebung nicht mehr oder nur ansatzweise geordnet werden können. Zwangsläufig entwickeln sich daraus neue Strukturen, die eine negative Individualisierung im Sinne von Abgrenzung und daraus entstehender Anonymität zur Folge haben. In Großstädten sind solche Stadtteile oft als so genannte Brennpunktviertel bekannt oder werden als Gettos bezeichnet. Insgesamt aber reagiert die Politik einfallslos: Kontrollbesuche schaffen Misstrauen und Bevormundung, Paragrafen werden von denen, die es betrifft, oftmals nicht verstanden und an die Familie als Einheit zu appellieren, ist gut gemeint, ohne den Betroffenen Gutes zu tun.

„Die Armutsforschung erläutert doch seit Jahrzehnten geduldig, dass Familien in prekären Lebenslagen nicht über genügend Ressourcen verfügen, um Belastungen zu bewältigen, deren Niveau in den Statistiken doppelt so hoch liegt wie für Menschen, die gesichert leben. Es fehlt an Netzwerken, praktischer Hilfe, finanzieller Unterstützung, an Zuwendung und Wertschätzung, es fehlt an allem, um Ehekrisen, Arbeitsplatzverlust, Geldnot, Erziehungsprobleme abzufedern. Dazu kommen Krankheiten, psychische Störungen, Drogensucht. Es hilft gar nichts, die heile Familie zu beschwören, weil Familie unter solchem Gewicht zermahlen wird. Drohungen laufen ins Leere" (vgl. Mayer 2006, o. S.).

In der Psychologie und der Psychiatrie wird der Begriff der Verwahrlosung ursächlich als besondere Vernachlässigung und Misshandlung in der frühen Kindheit betrachtet (vgl. 4.3). Daneben erhält das Phänomen der Wohlstandsverwahrlosung in letzter Zeit immer mehr Aufmerksamkeit. Dabei geht es um Kinder und Jugendliche, denen es an persönlicher Zuneigung und Zuwendung durch ihre Eltern fehlt. Diese versuchen die fehlende Zeit für die Erziehung und Hingabe an ihre Kinder oft durch vermehrte materielle Zuwendungen auszugleichen.

„Es existiert nicht nur ein finanzielles Armutsproblem, sondern auch eine große Wohlstandsverwahrlosung. Diese Kinder haben zwar genug Geld in der Tasche, aber niemanden, der sich um sie kümmert. Auch das ist Kinderarmut. Und die erfasst niemand. Viele Kinder sind noch nie von einem Erwachsenen in den Arm genommen worden" (Siggelkow 2007, o. S.).

Die Kinder leiden unter zunehmender Vereinsamung, sind oft auf sich selbst gestellt und verlieren dadurch schnell jedes Gemeinschaftsgefühl. Das Phänomen der Wohlstandsverwahrlosung kennt man in der Sozialpädagogik auch als Verwöhn-Verwahrlosung. Es beschreibt zum einen jenes Ausgleichsverhalten, mit dem Eltern versuchen, fehlende emotionale Nähe, Zeit und Zuwendung durch materielle Dinge auszugleichen. Die Folgen dieser Verwahrlosung sind Entwicklungsverzögerungen oder –störungen, vor allem aber ein Arm-sein an Empathie und Bindungsfähigkeit sowie die Zunahme aggressiver Verhaltensäußerungen. Andererseits bezeichnet man mit der Verwöhn-Verwahrlosung auch eine Erziehung ohne Grenzen, was die materielle Versorgung von Kindern betrifft. Betroffene Eltern sind nicht in der Lage, ihren Kindern Grenzen bezüglich ihrer Wünsche zu setzen und kaufen ihnen beispielsweise ständig Spielzeug, auch wenn dies zu Verschuldung und zur Ver-

nachlässigung der eigenen Person führt. Auch ein permanentes Essens-
angebot, meist in Form von Süßigkeiten, an denen sich Kinder, wann
immer sie wollen, bedienen können, sowie das damit verbundene Fehlen
fester Essenszeiten zählt zu den Varianten der Verwöhn-Verwahrlosung.
Es ist anzunehmen, dass solche Eltern die materielle von der immateriellen, also der emotionalen Zuwendung nicht unterscheiden können. Die
Folge davon aber kann für die Kinder und Jugendliche soziale Armut
bedeuten, weil sie gelernt haben, Beziehungen und Freundschaften ausschließlich über materielle Dinge zu definieren. In beiden Fällen der
Verwöhn-Verwahrlosung kann es zu ‚innerer Armut' im Sinne von Ab-
stumpfung und realitätsfernen Einstellungen, Erwartungen und Sehnsüchten kommen.

Ein konkretes Beispiel sei noch angeführt, dass auf jene soziale, ja
geradezu kommunikative Armut im Zusammenhang der Verwöhn-
Verwahrlosung hinweist: Immer häufiger sieht man bei Fahrten auf Au-
tobahnen Kinder und Jugendliche in Autos sitzen, die einen DVD-Film
anschauen, der über einen kleinen Monitor auf der Rückseite der vorde-
ren Kopfstützen abgespielt wird. Und Ulrich Wickert berichtet wie er vor
einiger Zeit beobachtete, „wie eine bürgerliche Familie in einem Hamburger Restaurant einen tragbaren DVD-Player auf den Tisch stellte, um
den fünfjährigen Sohn ruhig zu stellen (...): ‚Stellen Sie sich mal vor, keiner hat mit dem Kind gesprochen'" (Minkmar 2007, Z4).

Versucht man zu einer stärker pädagogischen Sichtweise von Verwahrlosung zu gelangen, so stellt die Lebenssituation der betroffenen
Kinder und Jugendlichen sozusagen nur die Außenseite, das Öffentliche
dessen dar, was sich innerlich noch in einer ganz anderen Dimension
zeigt. Verwahrlosung geht etymologisch auf das althochdeutsche Wort
waralôs = achtlos zurück. Im Mittelhochdeutschen gab es das Wort war-
loese = Achtlosigkeit. Hinzu kommt das Verb ‚verwahrlosen', das zumindest im Mittelhochdeutschen transitiv gebraucht wurde: etwas verwahrlosen. Das bedeutet, dass Verwahrlosung als aktive Handlung immer einen Akteur kennt und jemanden oder etwas, womit achtlos bzw.
nicht achtsam umgegangen wird. Geht man achtlos mit etwas oder je-

mandem um, so beginnt das So-Sein desjenigen seine Wahrheit zu verlieren: es kommt zur Verwahrlosung. Im Zusammenhang mit ‚innerer Armut' könnten es also mindestens zwei Momente sein, die zu innerer Verwahrlosung führen:

(1) Der achtlose Umgang mit Kindern und Jugendlichen aufgrund der materiellen Stresssituation ‚Armut' bzw. auch ‚Reichtum', vorbei an ihren Bedürfnissen, Wahrnehmungen, Empfindungen und Entwicklungen, führt sie in die Verwahrlosung. Kindsein verliert seine ureigene Wahrheit.

(2) Menschen in materieller Armut, die im Sinne Baumans als menschlicher „Abfall" (vgl. 2006) achtlos behandelt werden, verwahrlosen nicht nur äußerlich in ihren Lebensgegebenheiten, sondern vor allem innerlich, weil ihnen durch den gesellschaftlichen Entzug von Achtsamkeit die Wahrheit und Gültigkeit ihres Lebens, ihres Daseins überhaupt, abgesprochen wird.

Der Heilpädagoge Paul Moor schreibt, dass der Mensch, wenn er haltlos wird, verwahrlost. Das Leben ist also „der Wahrheit los" (vgl. 1947). Es droht die Gefahr, dass das Leben seine existentielle Wahrheit als Leben per se, und damit seinen Sinn, verliert. Was verbirgt sich hinter dieser Haltlosigkeit, die zu einer inneren Verwahrlosung im Sinne Paul Moors führt?

4.6   Haltlosigkeit

In seiner heilpädagogischen Psychologie hat sich Paul Moor mit der Entstehung bzw. dem Verlust des inneren Halts befasst – also all dem, was dazu führt, dass der Mensch trotz einer bedrängten oder bedrängenden Lebenssituation Halt, Orientierung und Stabilität verliert oder auch er-

fährt. In seinem Werk begegnet man, wenn auch in mittlerweile unge-
wohnter Sprache der fünfziger und sechziger Jahre des vergangen Jahrhunderts, geradezu fokussierend und vertiefend all jenen Begriffen und
Themenzusammenhängen, die weiter oben bereits angesprochen wurden.

Moor beginnt seine Ausführungen mit dem so genannten „äußeren
Halt". Für ihn sind es drei grundlegende Aspekte, in denen äußerer Halt
sich verwirklicht.

(1) Ein vitaler Aspekt bezieht sich auf die Umwelt, in der Kinder
und Jugendliche leben. Hier braucht es konkretes Können, das
über individuelle Lebenstechniken und –fertigkeiten mitbe-
stimmt. Im ‚könnenden' Umgang mit dem Gegebenen erlangt
man Sicherheit und es entsteht zudem Neues. Allerdings braucht
es eine Umwelt, die Kindern und Jugendlichen die Möglichkeiten eröffnet, ein über die konkrete Bewältigung des Alltags hin-
ausreichendes Können zu erwerben bzw. eine Gesellschaft, in
der sie mit ihrem Können gefragt sind und wo es ihnen im besten
Sinne auch abverlangt wird.

(2) Neben dem Können braucht es das „Wollen" als „Träger der moralischen und geistigen Lebensführung" (Moor 1960, 243). Im
Wollen, die moralischen Vereinbarungen einer Gesellschaft mit-
zugestalten und einzuhalten, wird man von seiner Mitwelt
gehalten. Man gilt der Gemeinschaft als verlässlich und stellt
keine Bedrohung grundsätzlicher Regeln und Rituale des Zusammenlebens dar.
Eine Gesellschaft, die sozial benachteiligten Kindern und Jugendlichen aber immer wieder signalisiert (vgl. 2.1), dass sie auf ihr
spezifisches Können verzichten könne, darf gleichzeitig nicht
erwarten, dass es eine tragfähige moralische Grundvereinbarung
gesellschaftlichen Zusammenlebens gibt, an die dieselben Kinder
und Jugendlichen sich gebunden fühlen. Zumindest aber braucht

sie sich nicht zu wundern, wenn ihr Scheinmoral attestiert wird. Für Kinder und Jugendliche, die in massivem Überfluss aufwachsen mag ähnliches in Verkehrung gelten, weil diese möglicherweise meinen, aufgrund ihrer materiellen Situation auf gemeinschaftliche Aufgaben verzichten zu können.

(3) Der dritte Aspekt ist für Moor die „Heimat" (vgl. 1960). Sie entsteht in der Erfüllung von nicht-materiellen Sehnsüchten wie Geborgenheit, Zuwendung und Vertrauen. Die „Heimat" wird als einzelne Grundhaltung herausgestellt und besonders ausführlich behandelt sowie sie auch noch einmal als wichtiger Bestandteil des inneren Halts zur Sprache kommt. Sie ist mitverantwortlich dafür, dass man sich innerlich reich fühlen kann.

Auch wenn die Assoziationen im Bereich von Armut und Reichtum zu den drei Momenten des äußeren Halts vielfältig sein mögen, so sind für das Themenfeld der ‚inneren Armut' Paul Moors Ausführungen zum inneren Halt möglicherweise bedeutsamer. Innerer Halt -, das ist der existentielle Inbegriff von Sinnfindung und Sinnstiftung im Leben eines jeden Menschen.

In seiner Auseinandersetzung mit dem inneren Halt beschäftigt sich Paul Moor mit verschiedenen Theorien seiner Möglichkeit sowie seines Entstehens. Er lehnt dabei eine rein biologische Erklärung von Halt als „Entwicklung des Charakters" (vgl. 1960) ebenso ab, wie eine Theorie des inneren Halts als Ergebnis moralischer Entwicklung. Denn gerade die moralische Entwicklung schaffe ständig neue Formen der Lebensgestaltung und führe damit nicht zu ‚In-halten', sondern eher zur Leere.

Paul Moor stellt den biologischen und moralischen Erklärungsversuchen das „empfangende Leben" gegenüber. Im empfangenden Leben wird einem etwas ‚geschenkt', das man empfangen (darf und) kann, und das so zur Erfüllung in einem selbst heranwächst. Erst im Zusammenspiel dieser drei Komponenten entsteht etwas, das man inneren Halt nennen könnte. Wie aber funktioniert dieses Zusammenspiel?

Paul Moor geht in seinen Ausführungen von der Haltlosigkeit mancher Kinder und Jugendlicher aus. Menschen, die haltlos sind, können seiner Meinung nach ihre Persönlichkeit nicht ‚aufbauen', nicht zur Entfaltung bringen. Er kommt in seinen Überlegungen zu dem Ergebnis, dass Haltlosigkeit als qualitative Veränderung sowohl des Willens- als auch des Gemütslebens zu sehen ist. Wille und Gemüt stehen in enger Abhängigkeit voneinander. Wo der Wille nicht weiß, was er soll, wechselt die Art der Lebensführung sehr häufig. Dadurch aber fehlt es dem Gemüt, dem für Moor wichtigsten Faktor, an einem gewissen Maß von Stetigkeit. Haltlosigkeit entsteht für ihn letztlich durch folgende Bedingungen:

> „1. Aus ursprünglich gegebener Willensschwäche und daraus entstandener Verkümmerung des Gemütslebens;
> 2. aus ursprünglich gegebener Gemütsarmut und dadurch bedingter mangelnder Reifungsmöglichkeit des Willenslebens;
> 3. aus ursprünglich gegebener Dürftigkeit von Gemüts- und Willensanlagen;
> 4. aus einer Milieuschädigung, welche gute Gemüts- oder Willensanlagen (oder beide, und wenn nur eine, dann eben dadurch sekundär auch die andere) in ihrer vollen Entwicklung hemmte" (Moor 1960, 228).

Für Moor liegt der wichtigste Faktor zur Entstehung von Willensstärke darin, dass sich klare, feste und wirkungsmächtige Ideale herausbilden, an denen sich der Mensch orientieren kann. Will man also nach der Voraussetzung für Willensstärke fragen, so muss man zunächst nach den Voraussetzungen für ein ‚In-Gang-Kommen' und ‚In-Gang-Bleiben' dieses Prozesses der Idealbildung fragen:

Die Voraussetzungen, die Moor sehr ausführlich erläutert, seien hier in verkürzter Form aufgeführt:

- Der Mensch muss bemerken, dass es subjektiv bedeutsame Aufgaben in seinem Leben gibt, die es zu lösen oder zu bewältigen gilt. Erfahren Kinder und Jugendliche dies bzw. bietet man ihnen solche Aufgaben variationsreich immer wieder an, so ist die Chance, sich dadurch innerlich anzureichern, bei weitem größer als die Gefahr innerlich zu verarmen.

- Diese Aufgaben müssen aufgrund ihrer wahrgenommenen Bedeutsamkeit als Verpflichtungen angesehen und übernommen werden. Sie bedürfen in ihrem Grundcharakter der Bejahung des Aufgegebenen.
- Dazu gehört bei aller Bedeutsamkeit sicherlich immer wieder Selbstüberwindung. Denn eine Aufgabe mit meist unbekanntem Ausgang anzunehmen, ist immer ein Wagnis.

„Solange Aufgaben nur als eine Last erlebt werden, solange kann der Wille in ihrer Bewältigung nicht zum Halt werden. Das wäre er erst da, wo er sie als etwas begrüßte, das sein Leben reich macht, wo das Bewußtsein oder das Gefühl vorhanden wäre, dass es zur Erfülltheit des Lebens beiträgt, für etwas da sein zu können. Erst die Aufgabe-*Freudigkeit* also macht den Willen zu einem wesentlichen Träger des inneren Haltes" (Moor 1960, 232).

- Alle vorhandenen Kräfte sind in den Dienst der Lebensaufgabe(n) zu stellen. Dazu muss es Kindern und Jugendlichen aber zumindest in Ansätzen möglich sein, darauf zu vertrauen, dass es sich einerseits individuell ‚lohnt‘ und andererseits die eigene Lebensaufgabe für die Gemeinschaft oder die Gesellschaft relevant ist. Dass postmoderne Strukturen dazu führen können, dass Kinder und Jugendliche diese Erfahrungen möglicherweise nicht mehr in dem Ausmaß machen wie zu früheren Zeiten, ist gleichermaßen bekannt wie bedenklich.
- Neben dem Können und der Willensstärke sind auch „zweckmäßige Gewohnheiten" (vgl. 1960) nötig, weil sie über weite Strecken hinweg helfen, eine Aufgabe im Blick zu behalten und sie schließlich auch zu bewältigen. Das erfordert von Kindern und Jugendlichen neben Durchhaltevermögen vor allem die Erfahrung, dass es nicht ‚umsonst‘ ist, einer Aufgabe verpflichtet zu bleiben. Wird gesellschaftlich jedoch vermittelt, dass es gar keine Aufgaben gibt, dann wird sich auch kaum Durchhaltevermögen für andere Situationen einstellen.
- Wie bereits an anderer Stelle beschrieben, braucht der Wille, um zum inneren Halt werden zu können, die Empfänglichkeit des

Gemüts. Empfangen können Kinder und Jugendliche aber nur dann etwas für Inneres, wenn sie die Gesellschaft, deren Teil sie sind, und die ‚Welt', in der sie leben, als etwas positiv auf sie wirkendes erfahren und sich nicht aus Selbstschutz vor ihren negativen Seiten verschließen (müssen).

- Am Ende muss die Ergriffenheit des Gemüts stehen, in deren Dienst der Wille erst seine Halt gebende Funktion zu vollenden vermag.

Zusammenfassend lässt sich sagen:

„Das Bemerken von *Aufgaben*, das Gewinnen dieser anderen Sicht auf das begegnende Schicksal;
dazu das Auf-sich-Nehmen der einmal erkannten Aufgabe, was einer *Selbstüberwindung* bedarf und ein zugehöriges *Können* erfordert;
und das Begrüßen der erkannten Aufgabe, die *Aufgabenfreudigkeit*, was den Rückhalt in einer über das Wollen hinausreichenden *Empfänglichkeit* voraussetzt;
Das *Gehorchen* der *natürlichen Antriebe* gegenüber der über das Leben gesetzten Aufgabe;
und die dabei helfenden *zweckmäßigen Gewohnheiten*;
beides zusammen macht das *Können* aus.
Die *dienende Haltung des Wollens*, seine Bereitschaft, in innerer Erfahrung zu lernen und zu reifen;
und das Empfangen der Aufgabe in der *Ergriffenheit des Gemütes*;
beides zusammen macht die *Empfänglichkeit* aus.
Als kurze Bezeichnung für diese drei Komponenten des inneren Haltes führen wir drei Bezeichnungen ein: *Wollen, Können* und *Empfänglichkeit*" (Moor 1960, 236f.).

Im Anschluss daran entwickelt Paul Moor seine Theorie zum inneren Halt im Spannungsfeld der großen Dimensionen, in denen sich menschliches Leben ereignet: Zwischen Aktiv und Passiv, zwischen Tun und Nicht-Tun, zwischen „tätigem Leben" und „empfangendem Leben" (ebd.). Dabei sieht er das tätige Leben mit der Willensstärke und das empfangende Leben mit der Gemütstiefe verknüpft. Beiden Lebensdimensionen gemeinsam aber sind die drei Komponenten von Wollen, Können und Empfänglichkeit für das Werden inneren Haltes.

Für den Halt im tätigen Leben gilt einiges von dem, was schon für den äußeren Halt genannt wurde. Das Können als Lebenstechnik ist Ergebnis der biologischen Gegebenheiten, der Antriebe, die zu Gewohnheiten führen, und der Fähigkeiten, die Fertigkeiten nach sich ziehen. Im Wollen als dem Träger der moralischen und geistigen Lebensführung geht es erneut um das Aufgegebene. Entscheidungen formen sich zu Gesinnungen aus, und Ideale bewirken Einsichtigkeit. Die Empfänglichkeit für Lebensinhalte, für das, was dem Menschen verheißen ist, nennt Paul Moor die Sehnsucht und Ergriffenheit, die durch Freude, Staunen, Liebe und Glaube zum Ausdruck kommen und so die innere Heimat des Menschen mitbestimmen.

Im Gegensatz zum Willen ist das Phänomen des Gemüts ein schwerer zu fassender Begriff. Das Wort selbst weist auf ‚Mut' hin. Gemüt ist Mut zum Sein, eine „Form der existentiellen Aufmerksamkeit oder des dynamischen Person-Seins" (Schütz 1992, 499). „Gemüt ist der ‚Klangraum der Innerlichkeit' und der Heimat schaffende Ort (...)" (ders.). Dazu gehört nach Paul Moor als wichtigste Eigenschaft, die Fähigkeit, Bindungen eingehen zu können. Darin liegt für ihn überhaupt erst begründet, dass Gemüt Halt geben kann. „Gemüt haben heißt, sich für etwas erwärmen zu können" (Moor 1960, 251).

Diese Erwärmung ist nur durch die sich in Ergriffenheit äußernde Empfänglichkeit möglich. Freude und Staunen sind Ausdruck dieser ergriffenen Erfülltheit.

> „Freude ist etwas, das sich von selber einstellt, wenn das Kind dafür empfänglich ist; nur für diese Empfänglichkeit kann ich sorgen und auch dies noch mehr durch das, was ich *nicht* tue, als durch etwas, was ich in Szene setzte. Die beste Voraussetzung dafür, dass das Kind empfänglich sei für das, was Freude machen kann, ist aber gerade die, dass es sich nicht verliere an sein Wünschen und Begehren, dass sein Wünschen und Begehren nicht wahllos befriedigt, sondern durch maßvolle Befriedigung befriedet werde. (...) Sowohl die Erwartung solchen Beschenkt-Werdens, die Sehnsucht, als auch das Beschenktsein selber, die Ergriffenheit, sind nur möglich auf dem Grunde einer von allem Tätigsein verschiedenen empfangenden Haltung. Freude, Staunen, Liebe, Glaube sind nur verschiedene Arten des Ergriffen-

seins und gewähren Halt durch die Bindung an den Gehalt, der in ihnen zum erfüllenden wird" (Moor 1960, 252f.).

Für Paul Moor hat die vitale Seite des Lebens neben dem konkreten Können einen zusätzlichen qualitativen Aspekt. Dieser qualitative Aspekt ist das Empfangen. Empfangen ist die seelische Aufmerksamkeit für die möglichen Erlebnisse menschlichen Lebens. Das Erlebnis bleibt nie unbeantwortet, vielmehr folgt ihm eine innere Wirkung und/oder äußere Reaktion, die zwei Seiten in sich trägt:

> „Einerseits wird durch das Erlebnis eine *Kraft*, eine *intensive Regung* wachgerufen, um welche die *Aktivität stärker* wird. Wo immer diese Seite stärker ausgeprägt ist, da sprechen wir von *wallungsmäßiger* oder *dynamischer* Reaktion auf das Erleben. Andererseits wird durch das Erlebnis ein *Gehalt*, eine *qualitative Regung* wachgerufen, um welche das *Erfüllt-Sein reicher* wird. Wo diese Seite stärker ausgeprägt ist, da sprechen wir von *stimmungsmäßiger* oder *affektiver* ‚Reaktion' auf das Erleben" (Moor 1960, 254).

Selbst mit den möglichen ‚Antworten' auf das Empfangen scheint es als Phänomen selbst dennoch nicht geklärt. Wollte man dieses etwas altmodisch klingende Wort in die heutige Sprache übersetzen, so könnte man dies vielleicht mit ‚annehmen' versuchen. „Annehmen [aber] ist die mediale Haltung des Sich-Lassens bei den lebensweltlichen Verrichtungen" (ebd.).

Somit scheint innerer Halt im empfangenden Leben erst durch ein gewisses Maß an Haltlosigkeit möglich. Das Werden des inneren Haltes im empfangenden Leben würde sich demnach kreis- oder spiralförmig vollziehen: Durch den bislang ‚bestehenden' Halt - auch im tätigen Leben - ist es möglich, sich freiwillig ein Stück in die Haltlosigkeit ‚treiben' zu lassen. Die Haltlosigkeit und das Lassen können als Grundvoraussetzungen für Empfangen und Annehmen einen Zugewinn des eigenen inneren Haltes bewirken.

Konkret sind es Stimmungen und Bilder der Umwelt, die ein Angesprochen-Sein durch das Erleben derselben auslösen. Sie können zur Ergriffenheit und zum sich anschließenden Erfüllt-Sein durch einen Lebensinhalt führen. Dabei muss nicht unbedingt das Erlebte zum Lebensinhalt werden. Es kann auch die gegenwärtige Lebenssituation durch eine von außen an den Menschen herangetragene Stimmung plötzlich zum Inhalt werden, weil erst diese neue, gewandelte Situation in ihrem Gehalt einen anderen Blick auf das eigene Leben ermöglicht. Aus dem Erfüllt-Sein von Lebensinhalten können dann Ideale entstehen, die Entscheidungen nach sich ziehen und somit zur Verwirklichung des Erlebten in der eigenen Lebensgestaltung führen.

> „Angesprochensein, Erfülltsein und Verwirklichung sind die Grade der anderen Art des inneren Halts, des Haltes im empfangenden Leben, der nicht Prozess ist, sondern ruhendes Sein:
> Das *Angesprochensein* des Gefühls durch die Qualität dessen, was uns begegnet; das *Erfülltsein* des Gemütes in der Ergriffenheit von den ruhenden und durch jedes Erleben sich mehrenden Bildern, wodurch die Auseinandersetzung aufhört und in der Durchbrechung des tätigen Lebens die Erfüllung eintritt;
> und die *Verwirklichung*, welche keiner Anstrengung bedarf, nicht Tat ist, sondern selbstverständliches Dasein des empfangenden Gehaltes in allem Tätig-Sein, an das man sich nicht mehr verlieren kann, weil es nur mehr Gefäß ist für den Gehalt" (Moor 1960, 264).

Die Dimension des Halts im empfangenden Leben ist in ihrer Bedeutsamkeit für den Menschen nicht zu unterschätzen. Wo Fortschritt, Tempo und Belastungen in der Bewältigung des Lebens zunehmen und Gestaltungsmomente mehr und mehr bedrohen oder gar verhindern, dort erhält das „ruhende Sein" (ebd.) neue, oft ungeahnte, aber aufgrund von Gesellschaftsstrukturen oft nicht lebbare, Wichtigkeit.

Letztlich sind Paul Moors Ausführungen zum inneren Halt vor allem ein Nachdenken darüber, wie der eigene ‚innere Raum' einerseits zu gestalten und zu weiten, andererseits aber auch zu begrenzen ist, um sich nicht haltlos zu erfahren. Innerer Reichtum meint also nicht unbedingt freie Gestaltungsmöglichkeiten und möglichst viel individuelle Weite, sondern durchaus auch innere Begrenzung, wo man sich sonst in der Weite verlieren könnte. Sollen sich Kinder und Jugendliche als gehalten wie gefestigt erleben, so sind sie immer wieder auf Verbindungen zur ‚Welt' angewiesen, die trag- und strapazierfähig sind. Damit diese Verbindungen zu etwas Qualitativem im Sinne eines inneren Reichtums werden können, benötigt es eine gewisse Nachhaltigkeit, die dazu führt, dass Eindrücke bleiben, Erinnerungen ‚leuchten' und Beziehungen zur ‚Welt' und den Menschen gut tun.

4.7   Verlust von Mitgefühl

Ascheregen

Stell dir vor du weißt Bescheid
dass es Ascheregen schneit,
lautlos fallen Ascheflocken
auf den Boden, unerschrocken
decken sie die Erde zu.
Stell dir vor wie tot sein ist,
obwohl du nie gestorben bist,
kannst nicht denken, kannst nicht fühlen
nur lautlos in der Asche wühlen.
Stell dir vor du kannst nicht weinen
und nicht klagen,
du könntest also nie erzählen
wie sehr dich all die Schmerzen quälen.
Stell dir vor du könntest leben,
könntest andern die Gedanken geben
die in dir eingeschlossen sind.
Stell dir vor die Ascheflocken
wären wie Gedankenbrocken,
plötzlich weht ein starker Wind,
dass alle bald verschwunden sind!

Simone (26 Jahre)

Mitgefühl ist ein schwierig zu fassendes Phänomen, das oft synonym mit anderen Begriffen wie beispielsweise Einfühlungsvermögen oder Empathie benutzt wird.

Ganz allgemein gesprochen, bezeichnet es wohl zum einen die Bereitschaft, also das Wollen, und zum anderen die Fähigkeit, also das Können, zum Verstehen von Menschen, zum Begreifen, Nachvollziehen und Reflektieren ihres Verhaltens, ihrer Handlungen, Absichten, Bedürfnisse, Gefühle und Gedanken sowie der Zusammenhänge zwischen diesen. Es geht also um das zutreffende, weil der Situation des Anderen ‚entsprechende' oder nahe kommende, Erfassen von inneren Bewegungen.

Dies kann auf unterschiedliche Arten vor sich gehen: Einerseits kann sich Mitgefühl intuitiv als eine Art anstrengungsloses Verstehen ereignen. Andererseits gibt es auch das absichtsvolle, länger dauernde Bemühen um ein Verstehen des Anderen. Mitfühlen zu können, bedeutet demnach immer wieder neu, ein Stück sich selbst verlassen zu können und von der eigenen Person und den damit verbundenen Gefühlen, Überzeugungen und Einsichten Abstand zu nehmen. Dieser Abstandsgewinn besteht in einer daraus resultierenden Form von Nähe zum Anderen, die sich in Mitgefühl ausdrücken kann. Mitgefühl ist daher nicht nur ein Einfühlungsvermögen, also ein nach innen gerichteter Prozess, sondern auch ein nach außen gerichteter Vorgang, der dem Anderen signalisiert: Ich sehe dich, ich bemühe mich, dich zu verstehen, ich fühle mit dir. Dass die Motive des Mitfühlens dabei ganz unterschiedlicher Art sein können und durchaus nicht selbstlos sein müssen, scheint dabei zunächst (noch) keine Rolle zu spielen.

Andererseits ist vom Mitgefühl deutlich das gefühlsmäßige Reagieren auf das Befinden anderer Menschen durch Mitleid oder Mitfreude sowie die Intensität dieser Reaktionen zu unterscheiden. Mitgefühl ist kein ausschließlich emotionaler Vorgang, auch wenn dies der Begriff vielleicht vermuten lässt.

Für die Ausprägung unterschiedlicher Lebensformen innerhalb der als postmodern zu bezeichnenden Gesellschaft (vgl. 2.1), stellt sich vor allem die Frage, ob Mitgefühl als Eigenschaft existiert und ob sie bei Personen, die man als mitfühlend bezeichnen würde, halbwegs kontinuierlich, unabhängig von Zeit wie auch unterschiedlichen Lebenslagen, feststellbar ist. Sind Menschen, denen es materiell gut geht, mitfühlender als Menschen, die täglich um ihre Existenz kämpfen müssen oder als Menschen, die im Überfluss leben? Auf den ersten Blick drängt sich diese Frage als scheinbare Tatsache förmlich auf. Gleichzeitig weiß man aber, dass Menschen, die nur sehr wenig besitzen, in hohem Maße bereit sind, von dem Wenigen noch etwas abzugeben, wenn sie angerührt werden vom Schicksal derer, die noch weniger zu haben scheinen als sie selbst.

Sicher ist nach bisherigen Forschungserkenntnissen nur, dass ein bisweilen nahe liegend erscheinender, Differenzen eröffnender Dualismus des Verstehens von Dingen, Begriffen und logischen Zusammenhängen auf der einen Seite und des Mitgefühls mit Menschen und ihren Motiven auf der anderen Seite, nicht vorliegt. Das Verstehen von Menschen wie auch das Mitgefühl mit ihnen sind eins, weil es neben den Möglichkeiten, Mitgefühl zeigen zu können, vor allem ein intellektuelles Leistungsvermögen braucht, um sich in einem gedanklichen wie auch emotionalen Perspektivenwechsel in einen anderen Menschen und seine Lebenslage hineinversetzen, zumindest aber annähern zu können.

Aus psychologischer Sicht müsste man einschränkend hinzufügen, dass diese potentielle Fähigkeit nur dann wirksam wird, wenn sie von einer entsprechenden Neigung oder einem entsprechenden Interesse angestoßen wird. Sicherlich spielen eigene Bedürfnisse wie beispielsweise das Bedürfnis nach menschlicher Nähe oder Distanz, nach Abhängigkeit oder Dominanz eine entscheidende Rolle, ob sich Mitgefühl ausdrückt oder nicht.

Zu diesen wissenschaftlich noch stark diskutierten Beschreibungen des Gewinns bzw. des Verlusts von Mitgefühl, zählt auch das Phänomen der ‚Alexithymie', auf das hier exkursionsartig eingegangen werden soll. Der Begriff wurde in den siebziger Jahren maßgeblich durch Nemiah und Sifneos (vgl. 1970) im Zusammenhang psychosomatischer Erkrankungen geprägt. Gemeint ist mit Alexithymie die fehlende Fähigkeit, Gefühle hinreichend wahrnehmen und beschreiben zu können, Affektqualitäten zu unterscheiden und diese sprachlich zu symbolisieren sowie ihnen

Ausdruck zu verleihen. Auch wenn sich die Forschung noch nicht einig ist, ob es sich bei Alexithymie um eine psychosomatische Erkrankung, um eine Veranlagung oder um erworbene Persönlichkeitsmerkmale handelt, so ist es dennoch interessant, dass als stärkster Prädikator eine niedrige sozioökonomische Lebenslage gilt.

> „In der bislang größten deutschen Alexithymie-Studie, (...), haben Forscher der Universitäten Leipzig und Düsseldorf herausgefunden, dass das Phänomen auch hierzulande erstaunlich weit verbreitet ist - jeder Zehnte der über 1800 Teilnehmer wies deutliche Merkmale von Gefühlsblindheit auf, eher Männer als Frauen, eher Arme als Reiche, eher Geschiedene als Verheiratete" (vgl. Uehlecke 2006).

Dass Alexithymie eher bei materiell Armen als bei Reichen auftritt, mag auch daran liegen, dass eine Entstehung dieser Gefühlsblindheit mit Anpassungsstrategien des Gehirns zu tun haben könnte, das die in Armut lebenden Menschen vor dem bewussten Erleben einer Flut von negativen Gefühlen bewahren will, die im Zusammenhang mit solchen Lebenslagen stehen können.

Unabhängig davon, ob es sich um Alexithymie handelt oder nicht, ist die folgende Situation, die sich 2006 in Lörrach zugetragen hat, ein äußerst deutliches Beispiel für (möglicherweise) fehlendes Mitgefühl: Eine Frau, die sich das Leben nehmen will und auf dem Rathausdach steht, wird von Jugendlichen mit gezückten Foto-Handys immer wieder provozierend aufgefordert, endlich zu springen. Als verschiedene Obdachlose die Jugendlichen davon abzuhalten versuchen, kommt es zu einer massiven Schlägerei zwischen ihnen.

Betrachtet man dieses Ereignis, fällt es schwer an ein grundsätzliches Vorhandensein der ‚Fähigkeit Mitgefühl' zu glauben. Nicht nur, dass die Jugendlichen die Situation der Frau ausnutzten und für ihre eigenen, höchst fragwürdigen Bedürfnisse uminterpretierten, sie zeigten durch ihre Wortwahl und ihre Sprache auch, dass von ihnen kein Mitgefühl, kein Perspektivenwechsel und kein Verstehen zu erwarten ist.

Schnell werden in solchen Fällen Sätze laut, die mit großer Rhetorik danach fragen, wie stark eine Gesellschaft und insbesondere ihre Jugend verarmt seien, dass so etwas möglich werde. Versucht man Rhetorik und vorschnelle Bewertungen beiseite zu lassen, bleibt dennoch die Frage, was dazu führte, dass das Mitgefühl dieser Jugendlichen ausblieb.

Neben der bereits angeführten intellektuellen Leistungsfähigkeit stehen einige Denkstile, in denen sich Menschen unterscheiden, in einem gewissen Zusammenhang mit dem Ausmaß des Mitgefühls, das sie zeigen können. Dabei spielen die Anzahl der Dimensionen und Betrachtungsweisen, die einer Person zur Verfügung stehen sowie die Fähigkeit, sich von sich selbst aber auch von dem, was einem unmittelbar vor Augen steht, lösen zu können, eine nicht unerhebliche Rolle.

Das Ausmaß, in dem das bei einer Person vorhandene Mitgefühl in den konkreten Situationen des Alltags tatsächlich zum Tragen kommt, hängt neben all diesen Bedingungen auch davon ab, wie konfliktreich sich Beziehungen zu Mitmenschen im Allgemeinen zeigen bzw. gezeigt haben. Wo Kinder und Jugendliche in sozialer Bedrängnis aufwachsen, sich permanent behaupten müssen, willkürlichem Verhalten, Aggressionen und Frustrationen ausgeliefert sind, weil sie und ihre Familien eher zu den Verlieren der postmodernen Gesellschaft gehören, und wo Kinder und Jugendliche in so großem Überfluss aufwachsen, dass sie blind werden für die Armut anderer, dort wird es zunehmend schwierig, Menschen in ihren ganz eigenen Lebenslagen wie –nöten wahrzunehmen. In Konflikten und Auseinandersetzungen droht die Gefahr, dass sie automatisch mit mitmenschlichen Beziehungen in Verbindung gebracht werden und so (scheinbar) natürliche Prozesse des Mitfühlens überlagern. Hinzu kommen nicht selten eigene seelische, innere Verletzungen, die eher zu einem sich verhärtenden ‚Schutzpanzer' führen als zu einer weichen, vertrauensvollen wie vertrauensbereiten und dann auch mitfühlenden Beziehung zu Menschen im Allgemeinen. In solchen Lebenslagen kann die Offenheit gegenüber den unterschiedlichen Persönlichkeitsmerkmalen und Charaktereigenschaften anderer Menschen schnell verloren gehen. Das Bild vom Anderen verarmt und die Gefühlswelt ‚vergletschert', weil sich die Wahrnehmung nur noch auf die aus Konflikten entstandenen Verletzungen konzentriert bzw. konzentrieren kann.

So scheint 'innere Armut' gerade dann zu entstehen, wenn das Bedürfnis nach Geltung das Bedürfnis nach Wirkung übersteigt. Coolness, Teilnahmslosigkeit und der Verlust von Mitgefühl sind Entfremdungen, bei denen es stärker um die Geltung als um die Wirkungen des Selbst geht. Wahrscheinlich führen existentielle Sinnkrisen, wie sie im Jugendlichenalter zu finden sind, und die sich im Zusammenhang mit dem Erleben von Perspektivlosigkeit und (scheinbarer) Nutzlosigkeit dramatisch verstärken können, 'automatisch' zu einer Verstärkung des Geltungsbedürfnisses. Ein überzogenes Geltungsstreben 'ist' durchaus in der Lage, das jeweilige Ich in seiner Krise zu schützen, es kann aber auch weg von den Kräften der Selbstwirksamkeit hin zu den Vergiftungen des Selbst führen.

Ein anderes Beispiel für die Lebenslagenabhängigkeit, an der ein Zusammenhang zu Mitgefühl erkennbar wird, ist die Möglichkeit heranwachsender Kinder und Jugendlicher, vielfältige, abwechslungsreiche und gemeinsame Erfahrungen zu machen sowie sich mit ihren Bezugspersonen in einem ständigen Austauschprozess über diese Erfahrungen zu befinden. Gibt es solche Möglichkeiten nicht, oder nur sehr eingeschränkt oder sehr einseitig beispielsweise aufgrund eines Migrationshintergrunds, einer sozialen Gettoisierung in den Großstädten, kaum vorhandener Zeit für Kinder oder aufgrund des fehlenden Interesses an ihren Erfahrungen, kann sich kaum ein innerlich reiches, weil vielfältiges Wissen bilden, das zur Basis wird, unterschiedliche Lebenssituationen genau erkennen, unterscheiden und benennen zu können. Eine Feinabstimmung bleibt aus und das wechselseitige Erschließen und Erkennen von Gefühlen und Gedanken anderer Menschen kann nicht oder nur sehr undifferenziert entstehen. Dass dies fremden Menschen wie jener 'lebensmüden' Frau aus Lörrach gegenüber dann noch schwieriger ist als bei (scheinbar) bekannten Menschen, muss kaum erwähnt werden. Dennoch:

„Mitfühlen ist keine seltene Gabe, die nur wenigen vorbehalten ist. Mitgefühl ist, daran glaube ich fest, ursächlich jedem Menschen zu eigen und es geht nicht darum es zu lernen, sondern es zu entwickeln, zu entdecken; es wieder hervorzuholen hinter den Schleiern unserer Ängste, mit denen wir es zugedeckt haben. Und dadurch seine Schönheit wieder zu finden.

Indem der Mensch sich entdeckt, seinen Gefühlen bis in die Tiefe ihrer Entstehung folgt und sich selber findet, wird er die Notwendigkeit erspüren, dass Glück mit Verringerung des Leids anderer Lebewesen zu tun hat, und dadurch mit der Verringerung eigenen Leids. (...) Solange wir Barmherzigkeit, Vertrauen und Freigiebigkeit als etwas von der Norm Abweichendes betrachten, können wir den Sinn der Schönheit des Daseins nicht begreifen" (Wecker 2007, 155).

4.8   Entrhythmisierung

> Nichts dehnt sich so lang wie die lahmen Tage,
> wenn unter schweren Flocken schneeverhangener Jahre
> die Langeweile,
> die Ausgeburt der dumpfen Teilnahmslosigkeit,
> das Ausmaß der Unsterblichkeit gewinnt.
>
> *Charles Baudelaire*

In engem Zusammenhang mit den Entwicklungen der postmodernen Gesellschaftsformen in den westlichen Industrienationen steht die zusammenbrechende Institutionalisierung von Lebensläufen, mit der gleichzeitig die Entstrukturierung der Jugendphase einherzugehen scheint (vgl. Kohli 1991). Wo die Einbindung in institutionalisierte Lebensformen in früheren Zeiten Sicherheit und Orientierung gab, bricht deren stabilisierende Wirkung in Bezug auf die Freisetzung des Individuums in der Postmoderne weg. Das komplexe Gebilde ‚Lebenslauf' läuft Gefahr seine Bindungskraft zu verlieren, wenn ‚Fixpunkte' verloren gehen.

> „Es ist dadurch gekennzeichnet, dass Kontinuität durch eine verlässliche und materiell abgesicherte Lebensspanne ermöglicht wird, sich wesentliche Lebensereignisse chronologisch festgelegt (Sequenzialität) vollziehen und dem Individuum die personale Entwicklung individuell möglich ist (Biographizität)" (Matuschek 1999, 83).

Bei innerem Reichtum wie auch ‚innerer Armut' spielen Rituale zur Lebensgestaltung eine große Rolle. Leben in Armut wie auch in Reichtum muss sich mit der Vergangenheit, der Gegenwart und der Zukunft auseinander setzen – das eigene Leben zu entwerfen sieht je nachdem ganz unterschiedlich aus.

Für Jugendliche besteht jedoch zunehmend die Gefahr, dass im Zuge des sozialen Wandels der postmodernen Gesellschaftsformen Statusübergänge von Schule in Ausbildung oder auch von Ausbildung in Erwerbstätigkeit misslingen. Das liegt unter anderem daran, dass einer langen Schul- und Ausbildungszeit relativ geringe Erwerbschancen gegenüber stehen. Hinzu kommt die sich verstärkende Pluralisierung der Lebensformen wie Lebensstile. Hornstein bezeichnet diese Gefahr als „innere Aushöhlung, ja Zerstörung des inneren Gehalts, des Sinns des Jugendalters" (Hornstein 1988, 77). Ingo Matuschek stellt zudem heraus, dass sich „besonders für Jugendliche mit niedrigem Bildungsgrad", also Heranwachsende, die gemeinhin mit dem Etikett ‚bildungsarm' versehen werden, „verschiedene Phasen einer Orientierungskrise ausmachen" (Matuschek 1999, 87) lassen:

> „Kurz vor Beendigung der Schullaufbahn kommt es demnach zu einer Phase der Suspendierung berufsbiographischer Entwürfe, die durch die Abwesenheit von konkreten Berufswünschen gekennzeichnet ist. In der darauf folgenden Entscheidungsphase können Bewerbungen, die oftmals ad-hoc und ohne genaue Kenntnisse im Falle einer positiven Resonanz kurzfristig euphorische Vorstellungen über den gewählten Beruf auslösen. Im Zuge der Wahrnehmung des Berufsalltags werden in der darauf folgenden Phase die Wunschbilder revidiert und es kann zu Enttäuschungen kommen. Dies führt im Weiteren zu einer Phase der Negation, in der die Auseinandersetzung mit dem Alltag der Berufswelt ausbleibt. In dieser Phase kommt es zu einer Aufwertung sozialer Beziehungen in Peer-groups. Unter Umständen gehen damit deviante Verhaltensmuster einher" (Matuschek 1999, 87ff.).

Was haben diese Momente der Entstrukturierung mit Formen der Entrhythmisierung zu tun? Zum einen tragen die Erschütterungen des sozialen Wandels dazu bei, das Leben vieler Jugendlicher aus sozial schwierigen oder bedrängenden Lebensverhältnissen aus dem Takt zu bringen. Zum anderen erzeugen die vielfältigen Entwicklungen der postmodernen Gesellschaft zunehmend die Notwendigkeit des ‚immer schneller' wie sie gleichzeitig auch an ihren eigenen Zeiterzeugnissen zu ersticken drohen.

> „Rhythmische Schwankungen im Jahres- und Tagesablauf werden künstlich nivelliert oder durch das Gleichmaß des Taktes ersetzt. Das ‚Nonstop!' wird im ‚Turbo-Kapitalismus' zum Imperativ jeglicher Modernisierung. Mit dem Effekt, dass wir reich sind an Gütern, aber arm an Zeit. Angesichts des allgemeinen und chronischen Zeitmangels kann jedenfalls pauschal von ‚Überflussgesellschaft' nicht die Rede sein. Die Beschleunigung und Entrhythmisierung aller Lebens- und Arbeitsabläufe endet in der Regel in zunehmender Hektik und Zeitverdichtung" (Schneider 2007, 2).

Kinder und Jugendliche, die in langwierigen Prozessen lernen müssen, ihre Zeitbedürfnisse auf die Zeitstrukturen ihrer Umwelt abzustimmen und an diese auch anzupassen, geraten daher zunehmend in die Gefahr, diese Leistung nicht mehr erbringen zu können. Die Einübung sozialer Zeitnormen ist also doppelt gefährdet: zum einen durch die Pluralisierung der Lebensformen in postmodernen Gesellschaftsprozessen sowie der damit einhergehenden Entwertung verbindlicher Zeitschemata und –normen. Zum anderen wächst die Gefahr dadurch, dass Zeit ein sehr knappes Gut geworden ist, über das sich kaum noch großzügig verfügen lässt. Ganz im Gegenteil.

Zeit kann nur dann eine positive Wirkung auf Kinder und Jugendliche haben, wenn die „Beschränkung und Gewährung von Eigenzeiten und die Fähigkeit, diese eigenverantwortlich zu handhaben und zu koordinieren" (Matuschek 1999, 97) gegeben sind. Nur dann „bilden sie Zeitperspektiven aus, die sie in die Lage versetzen, sich in dem historischen Zeitablauf zu positionieren, ihre Zukunft zu entwerfen und die Verwirklichung ihrer Pläne auf der Grundlage ihrer gegenwärtigen Möglichkeiten anzugehen" (ebd.).

Für viele Jugendliche stellt sich aber diese positive Zeitperspektive aufgrund ihrer materiellen wie sozialen Herkunft nicht ein. Das trifft auf Kinder und Jugendliche aus reichen Familien sicherlich ebenso zu wie aus armen Familien. Die durch zunehmend schwieriger werdende Beschäftigungssituationen entstandene Entrhythmisierung von Lebensläufen belastet die individuellen wie sozialen Zeiten.

> „Die Gegenwart gewinnt gegenüber der einstmals Fortschritt verheißenden, mittlerweile aber eher bedrohlich erscheinenden Zukunft an Gewicht. Gleiches gilt für das Verhältnis zur Vergangenheit: aufgrund der sozialen und ökonomischen Umbrüche entfernt sie sich immer weiter von der Realität der Gegenwart und kann für diese Realität keine Handlungsstrategien mehr geben" (ders., 105).

Dadurch aber stehen Jugendliche ihrer Zukunft wie ihrer Vergangenheit eher skeptisch gegenüber. In jedem Fall jedoch gewinnt die Gegenwart an Bedeutung. Somit kommt es dazu, dass sich der Horizont zeitlicher Vorstellungen, das Planen und Entwerfen von Zukunft zunehmend verkürzt. Die Spalte zwischen den subjektiv bedeutsamen, gegenwartsbezogenen Eigenzeiten und den zeitlichen Strukturen der postmodernen Gesellschaften vergrößert sich unweigerlich. Eine Gegenwart, die von sich behauptet, keine Zukunft mehr zu haben bzw. eine Zukunft bereitzuhalten, die wie Vergangenheit und Gegenwart ist, führt den eigen Lebenslauf in die Zeitlosigkeit, nimmt den Rhythmus und erzeugt innere ,Gleich-Gültigkeit'. Eine eigene Lebensgeschichte ,aufzubauen', die von innerem Reichtum zeugt, ist nur möglich, wenn man sich mit der Vergangenheit versöhnen kann, weil die Zukunft etwas verheißt, das zur lebbaren Gegenwart wird. Der Sozialstaat verwechselt diesen notwendigen Aufbau eigener Lebensgeschichte oft mit der ,Versorgung', die er leistet. Versorgt zu sein, ob von der reichen Familie im Hintergrund oder durch sozialstaatliche Transfers, bedeutet noch nicht, innerlich erfüllt zu leben und den eigenen Lebensrhythmus zu spüren wie auch zu schlagen. Vielmehr kann sich dieser je eigene Takt nur dann einstellen, wenn Möglichkeiten bleiben, in Formen der Selbst- und der Fürsorge innerlich reich zu werden.

Mit dem oftmaligen Fehlen von Zukunftsperspektiven und den Schwierigkeiten, Eigenzeiten wie Gesellschaftszeiten zu einer subjektiven Bedeutsamkeit zu vereinen, entstehen neue Zeitformen, die in diesem

Ausmaß für das Jugendlichenalter eigentlich bislang eher untypisch waren: das Warten und die Langeweile.

Was Manfred Thalhammer im Zusammenhang der Anthropologie schwerstbehinderter Menschen zum Warten formuliert hat, gilt in gewisser Weise in ebenso existentieller Bedeutsamkeit für die eröffneten Zusammenhänge:

> „Diese mutmaßliche Dauerspannung des Warten-Müssens, ein sichtlich kaum erreichbares Maß einer Mindestbefriedigung existentiell unabdingbarer Bedürfnisse und Intentionen, des Immer-wieder-Erhoffens, des Immer-wieder-von-neuem-Erwartens scheint permanent konkret und wirklich" (1986, 127).

Das Warten-Müssen und Erwarten bezieht sich dabei nicht nur auf konkrete Perspektiven wie beispielsweise einen Ausbildungs- oder Arbeitsplatz, sondern auch auf jene inneren Bedürfnisse, die aus der ‚Gegen-Wart' heraus erst Sinnhorizonte aufsteigen lassen.

> „Etwas *anderes* erwarten und der immer wieder nicht selten lange Zeit revidierte Versuch, jenes zu erwarten, was die subjektive Vorstellung: *mein* Traum, *mein* Wunsch, *mein* Objekt, *mein* Inhalt, aller Wahrscheinlichkeit nach und allem Anschein nach ist und sein muß: In dieser hochbrisanten Spannung von Konzept und Ergebnis, vorgegebener Intention und Effizienz scheint sich nicht selten der Prozeß des *Wartens* vorzudrängen" (ders., 130).

Offen bleibt die Frage, inwieweit es Kindern und Jugendlichen in einer entrhythmisierten Zeit ihres Aufwachsens gelingen mag, ihre Wartezeiten, sprich ihre Gegenwart, sowie ihre Erwartungen immer wieder umzuschaffen und umzudeuten - hin zu neuen Intentionen und Zielen. Und dennoch: „Die Erwartung läßt sich mit Hoffnung nicht stillen", schreibt Elazar Benyoetz (vgl. 1979).

Die Zeit der übermäßig bedeutsam gewordenen Gegenwart sowie der Erwartungen an die Gesellschaft und das Leben im Allgemeinen, führen daher verständlicherweise zu reduzierten Formen der Eigenaktivität. Das Leben wird nicht mehr ‚in die Hand' genommen, um nicht ständig neu, Erwartungen revidieren zu müssen. An die Stelle der Aktivität tritt zum Zustand des Wartens die Langeweile.

Doehlemann unterscheidet vier Formen der Langeweile: die situative, die überdrüssige, die schöpferische und die existentielle Langeweile (vgl. 1991). Während sich das Warten und die Gegenwart eher durch die überdrüssige Langeweile, gekennzeichnet durch den ewig gleichen Ablauf der Tage, charakterisieren lassen, geht existentielle Langeweile als Verdichtung des Überdrusses einher „mit Gefühlen der inneren Leere und kann zur Teilnahmslosigkeit führen" (Matuschek 1999, 125). Langeweile ist ein hauptsächlich individuell erfahrenes und erlebtes Gefühl, das dennoch in sozialen Zusammenhängen steht.

> „Die subjektive Bewertung von Zeitüberfluss unterliegt den objektiven Anforderungen an den Umgang mit Zeit. Es ist davon auszugehen, dass (...) sozialisationsbedingte Bewältigungsmuster zum Tragen kommen. Darüber hinaus strukturieren soziale Zeitmuster, in die die Individuen in ihrem Alltag eingespannt sind, ihr Erleben von gestaltbaren Zeiträumen als langweilig oder als Chance zum Müßiggang" (ders., 127).

In dem Moment, wo sich für Kinder und Jugendliche mit den Aspekten des Wartens, der Eintönigkeit wie Einförmigkeit ihres Lebens, Hoffnungslosigkeit im Sinne der Verunmöglichung einer positiven Lebensperspektive verbindet, entsteht eine existentielle Langeweile, die in doppeltem Sinne zu ‚innerer Armut' führt: „der Zuständlichkeit des Selbst als Leere und des Welthorizontes unserer Existenz als Leere" (Revers 1985, 60).

Dass mit der Erfahrung des Drucks und den Belastungen, die aus einer entrhythmisierten Zeit des Aufwachsens von Kindern und Jugendlichen, die durch ‚Warteräume' und Langeweile geprägt sein können, der Wunsch entsteht, diese negativen Zustände zu verändern, erscheint nachvollziehbar. Es gilt aber aus wissenschaftlicher Sicht vorsichtig mit Annahmen umzugehen, die existentielle Langeweile automatisch mit Arbeitslosigkeit, Armut, sozialer Bedrängnis aber auch Überfluss in Verbindung bringen. Dennoch böte das Bedürfnis nach Veränderung der eigenen Lebenszeit und das Schaffen eines Lebensrhythmus' eine erste Erklärung, weshalb mehr und mehr Kinder und Jugendliche bereit zu sein scheinen, sich auf riskantes und bisweilen abweichendes Handeln wie Verhalten einzulassen bzw. sich dieses förmlich ‚zuzulegen‘. Bei aller wissenschaftlichen Vorsicht scheinen Kinder und Jugendliche, die in ausgeglichenen materiellen wie emotionalen Verhältnissen aufwachsen, mehr Möglichkeiten zur Verfügung zu haben, Langeweile zu kompensieren als Kinder und Jugendliche aus anderen Lebenslagen. Ihnen stehen entweder nur in sehr begrenztem Maße Möglichkeiten zur Überwindung von Langeweile zur Verfügung oder aber, bei großem Reichtum, so viele Möglichkeiten, dass diese ihren lebensgestaltenden Wert verloren haben.

Dabei wäre Langeweile keineswegs etwas, das es ausschließlich zu überwinden gilt. Sie birgt durchaus eine produktive Note in sich. Sven Grampp betont im Zusammenhang von Kunst und Medien, dass Langeweile sogar als eine Kulturtechnik angesehen werden kann, wenn sie als notwendige Voraussetzung schöpferischer Prozesse angesehen wird und ihnen auch dient.

> „Langeweile als produktive Kulturtechnik zu verstehen, lässt sich aber nicht nur für neuere Entwicklungen der Medien und Künste fruchtbar machen, sondern auch retrospektiv wenden. Genau genommen ist nämlich auch schon bei Kant die Langeweile nicht nur bloßes Übel, das durch Arbeit beseitigt wird. Versteht doch Kant Langeweile als permanente Triebfeder der Schaffenskraft, als, wie er schreibt, ‚Schmerz‘, gar ‚Stachel‘, der schöpferische Tätigkeit ermöglicht und immer wieder herausfordert“ (Grampp 2007, 16).

Und auch bei Søren Kierkegaard findet sich ein schöpferisches Verständnis von Langeweile. Martin Heidegger hat der Langeweile sogar den Status einer Grundstimmung zugeschrieben, aus der heraus sich Philosophieren als Geschehen im Dasein grundsätzlich ereignen kann. Auch er unterscheidet verschiedene Formen der Langeweile, obgleich er die tiefe Langeweile als das Ausgeliefertsein an das sich im Ganzen versagende Seiende für die eigentliche Voraussetzung der Philosophie hält (vgl. Podak 2007, 19).

Im Zusammenhang mit Armut lässt sich demnach auch die Frage stellen, wie aus Langeweile lange Weile wird und inwieweit Langeweile Methode wie Voraussetzung gleichermaßen ist, auf dem Weg von ‚innerer Armut‘ zu innerem Reichtum.

4.9   Scheitern

Scheitern ist das wohl radikalste Ereignis wie Erleben, das hier im Zusammenhang mit ‚innerer Armut' aufgeführt wird. Und nicht ohne Grund steht es am Ende der Reihe von Begriffen, auf die eingegangen wurde. Es symbolisiert quasi das Ende: den Endpunkt jeglicher Entwicklung, das Zusammenbrechen der inneren wie auch äußeren Systeme, das Erstarren aller Lebensdynamik, eine Leere, die von Aushöhlung zeugt, nicht von Neuanfang.

Die Radikalität des Scheiterns begründet sich auch daher, dass das Scheitern des Individuums im westlichen Kulturkreis nicht vorgesehen ist. Vielmehr ist es mit Scham und Schande beladen und erweckt, wenn es öffentlich wird, den Eindruck als habe es grundsätzlich eine individuelle Schuld zur Voraussetzung. Interessant erscheint in diesem Zusammenhang, dass Mitglieder westlicher Industrie- und Wohlstandsgesellschaften den Menschen, die in sozial schwierigen Verhältnissen und materieller Armut leben, schneller eine individuelle Schuld für ihr Schicksal, ihr Scheitern an den Bedingungen der Gesellschaft zuzuweisen scheinen als beispielsweise gut verdienenden Topmanagern, die selbst für das Scheitern ihrer Arbeit in Großkonzernen mit hohen Abfindungen bezahlt werden. Während diese Form des Scheiterns von der Öffentlichkeit für eine gewisse Zeit mit bisweilen recht kurz greifenden Moralvorstellungen von Bereicherung und Bescheidenheit überzogen wird, verändert sich an den versteckten oder auch ganz offen geäußerten Schuldzuweisungen an Menschen in materieller Armut kaum etwas. Für die Kinder solcher Eltern oder Elternteile, denen keine Verantwortung für ihre Lebenssituation auferlegt werden kann und auch von der Öffentlichkeit nicht wird, lässt sich bestenfalls Mitleid empfinden. Dieses Mitleid verhindert echte Anteilnahme und ein gesellschaftlich sich veränderndes Handeln eher als es in Gang zu bringen.

Was aber ist nun Scheitern genau? Etymologisch gesehen, stammt das Scheitern vom altgermanischen „Scheit" (vgl. Kluge 1948, 512) ab. Scheitern hat also ursprünglich etwas mit Holzstücken zu tun, die entstehen, wenn man Holz spaltet. Daher versteht man unter Scheitern auch ein „in Stücke gehen".

> „Das Holzscheit steht somit für eine gewisse Maßeinheit, zugleich sind auch Verwendungen des Scheits als improvisierte Waffe nachgewiesen. Die Spannung von Aktivität – etwas zerschlagen, als Waffe zum Angriff verwenden – und der Passivität des Scheiterns – zerscheitert werden – liegt gleichsam in dem Begriff" (Mayrhofer 2003, o. S.).

Seit dem 17. Jahrhundert wird der Begriff so verwendet wie man ihn heute gebraucht: in seiner passiven Dimension des Zerbrechens, Misslingens, Aufgebens, Zerschellens. Man scheitert an etwas, kann es aber aktiv nicht als Vorhaben umsetzen. Wer scheitert, der ‚geht zu Scheitern', wird auf den Haufen der Scheite, den Scheiterhaufen geworfen, geht im wahrsten Sinne des Wortes zu Grunde.

Die Wissenschaft drückt in ihrem Umgang mit dem Phänomen des Scheiterns die gesellschaftliche Haltung zu diesem aus, wenn in der Soziologie und in der Psychologie das Funktionieren, nicht aber das Zerbrechen von Systemen, der Zugang und nicht der Ausschluss zu und von Gesellschaft sowie Konzepte erfolgreichen Handelns nicht aber des Misserfolgs untersucht und erforscht werden. Glück und Unglück, Erfolg und Misserfolg, Integration und Ausschluss sowie nicht zuletzt Armut und Reichtum sind jedoch mit dem Scheitern auf das Engste verbunden.

Interessant erscheint auch noch ein zweiter Bedeutungszusammenhang im Begriffsfeld des Scheiterns. Zu Zeiten der Segelschifffahrt bezeichnete man auch das Geräusch der Planken beim Auflaufen eines Schiffes als Scheitern, was dann zu Synonymen wie „Schiffbruch erleiden" führte (vgl. ebd.). Wer im Sinne ‚innerer Armut' am und im Leben scheitert, dessen ‚Seelenschiff' geht zu Bruch, bekommt kein Wasser unter den Kiel und gewinnt, unabhängig von eigener Schuld oder Fremdverschulden nicht mehr an Fahrt.

Scheitern ist im Wesentlichen davon abhängig, welches Wissen, welche Wünsche, Erwartungen und Erfahrungen es im Zusammenhang mit einem erhofften oder ersehnten Leben gibt. Dabei spielt natürlich das Wissen über ein ‚anderes' Leben eine große Rolle, welches in Enkulturationsprozessen erworben wird.

Die Bedeutung des engeren sozialen Umfelds ist dafür ganz entscheidend. Trost, Vorwürfe, Gleichgültigkeit, Aufgefangenwerden, Teilnahmslosigkeit: davon hängt es ab, ob das Gefühl des Scheiterns sich überhaupt einstellt, ob der Schmerz des Scheiterns bestehen bleibt oder ob er verarbeitet werden kann.

> „Wir leben in einer Welt, die sich nicht bis in alle Einzelheiten planen noch in jeder Hinsicht beherrschen lässt. Deshalb ist es unvermeidbar, dass Menschen bisweilen auch scheitern. Immer wieder wird es einzelne geben, die vergeblich versuchen, sich in der Welt, in die sie hineinwachsen, zurechtzufinden, die von Ereignissen überrollt werden und Erfahrungen machen müssen, die ihr Vertrauen erschüttern und ihnen den Mut rauben. Es ist deshalb auch wichtig, dieses eigene Scheitern in Worte zu fassen oder mit Hilfe eines Bildes zu beschreiben, das diesen Menschen und all jenen, an die sie dieses Bild weitergeben, als inneres Muster hilft, solche Erfahrungen künftig zu vermeiden" (Hüther 2006, 133).

Wenn Kinder und Jugendliche in ‚innerer Armut' aufwachsen, oftmals verbunden mit großem materiellen Überfluss oder auch großem Mangel, dann sind es nicht nur sie, die gescheitert sind, auch wenn ihre ‚Schiffe' kaum noch oder gar nicht mehr ‚manövrierbar' sind. Letztlich ist es auch die so genannte Gesellschaft mit ihren Systemen und Formen der Institutionalisierung, mit ihren Lebensstilen und mehr oder weniger wandelbaren Lebenslagen, mit ihren Möglichkeiten, Angeboten und Grenzen, die an diesen Kindern und Jugendlichen gescheitert ist.

5 Entwicklungen

5.1 ‚Innere Armut' – kein Weg zurück?

5.1.1 Die Schwierigkeiten von Lösungen

> Arme habt ihr allezeit bei euch,
> und wenn ihr nur wollt,
> könnt ihr Gutes tun.
>
> *Markus 14,7*

Befasst man sich mit ‚innerer Armut', mit Armut überhaupt, so stellt sich immer wieder die Frage nach so genannten Lösungen. Was lässt sich tun, um die hier beschriebenen Phänomene und Prozesse ‚innerer Armut' zu verhindern, sie einzudämmen und aus den Verstrickungen mit materieller Armut und materiellem Reichtum zu lösen? Wie lässt sich ‚innerer Armut' vorbeugen? Gibt es letztlich überhaupt ein völliges Entkommen und müsste es nicht vielmehr darum gehen, mit dieser Innerlichkeit leben zu lernen? Geht es demnach überhaupt darum, von ‚innerer Armut' zu innerem Reichtum zu gelangen?

Denkt man an die eingangs aufgezeigten Entwicklungen der postmodernen Gesellschaften (vgl. 2.1), und damit an Zygmunt Baumans Ausführungen zu den Verworfenen der Moderne, so erscheinen ‚echte' Lösungen im Sinne von ‚Auflösungen' weiter entfernt denn je. Sie scheinen sich geradezu mehr und mehr zu verunmöglichen, je deutlicher sich die Strukturen der postmodernen Gesellschaft und die mit ihnen verbundenen Lebensstile heraus kristallisieren.

Für die Frage nach Lösungen könnte es hilfreich sein, dass sich Watzlawick, Weakland und Fisch ausführlich mit den Möglichkeiten von Lösungen für komplexe Situationen, Lebenslagen und Krisen befasst haben. Sie benennen zunächst drei verschiedene Formen von Fehllösungen, bevor sie sich Gedanken machen, wie zu ‚wirklichen‘ Lösungen zu kommen ist:

(1) Zum ersten kann es sein, dass das Bestehen einer Schwierigkeit geleugnet wird und daher nicht einmal der Ansatz einer Lösung versucht wird. Im Zusammenhang mit Armut könnte es dann beispielsweise heißen, Armut sei ein Konstrukt und brauche daher gar keine Lösungen. Materielle aber auch ‚innere‘ Armut gebe es zudem in den westlichen Industrienationen gar nicht. Das werde von Medien und Wissenschaft nur hochgespielt und im Übrigen sei Deutschland ein Sozialstaat. Wem es wirklich schlecht gehe, dem werde auch geholfen.

(2) Zum zweiten wird immer wieder versucht, Schwierigkeiten zu lösen, die eigentlich unlösbar sind oder gar nicht bestehen. Ein Lösungsversuch wird damit utopisch. Eine solche Utopie im Zusammenhang mit Armut besteht dann, wenn politische Systeme oder Institutionen von sich behaupten, alle Armut auflösen zu können, wenn man nur nach einem ganz bestimmten Plan vorgehe. Allen werde es gut gehen und keiner brauche Not zu leiden. Insbesondere sozialistisch geprägte Staaten warten ihrer Bevölkerung gerne mit solchen oder ähnlichen Heilsversprechungen auf.

(3) Eine Fehllösung und damit ein System ohne Ende wird zum dritten dadurch herbeigeführt, dass man versucht, Lösungen erster Ordnung herbeizuführen, wo es eigentlich Lösungen zweiter

Ordnung bräuchte, die auf einer höheren Abstraktionsstufe angesiedelt sind. Oder aber man versucht Lösungen zweiter Ordnung, wo Lösungen erster, unmittelbarer Ordnung hilfreich wären (vgl. ²1979, 59ff.).

Die hier aufgeführten Zusammenhänge rund um ‚innere Armut' stellen sicherlich einen so komplexen Problemzusammenhang dar, dass mit Lösungen erster Ordnung, sprich unmittelbar konkreten Lösungen, nur vordergründig etwas zu bewirken ist. Wird ein Kind beispielsweise stark vernachlässigt und in Folge davon seinen Eltern vom Jugendamt entzogen und in einer Pflegefamilie oder einem Heim untergebracht, so stellt dies eine Lösung erster Ordnung dar. Wie aber verhält es sich mit den emotionalen, den seelischen und körperlichen Erfahrungen und in Folge davon durchlaufenen oder auch versäumten Entwicklungen dieses Kindes? Es wird deutlich, dass in diesem Beispiel eine Lösung erster Ordnung sicherlich helfen kann, die unmittelbare Gefährdungssituation für das betroffene Kind zu durchbrechen, dass damit aber (noch) nichts wieder hergestellt oder in Ordnung gebracht ist. Umgekehrt stellt das Herausnehmen des Kindes aus seiner bisherigen Familie auch für die vernachlässigenden Eltern nur eine Lösung erster Ordnung dar. Ihre vermutete, absolute Stress- und Überforderungssituation ist damit zwar zunächst einmal entlastet oder gar beendet. Möglicherweise müssen sie sich juristisch verantworten und haben eine Strafe zu erwarten. Doch was bedeutet dieser Vorgang für ihre innere Situation? Wie kam es zu einer solchen Stress- und Überforderungssituation? Welche Untertützungen, welche Lebensbedingungen und Lebensgegebenheiten blieben aus, dass sich daraus eine solche Vernachlässigungssituation bilden konnte? Und wie lässt sich nun mit der eigenen inneren Lage umgehen?

Unabhängig vom dem hier aufgeführten Beispiel einer Vernachlässigung, gilt es, im Zusammenhang wie im Zusammenwirken unterschiedlicher Phänomene und Prozesse ‚innerer Verarmung' nach Lösungen zweiter Ordnung Ausschau zu halten. Doch wie lassen sich diese charakterisieren?

Lösungen erster Ordnung werden auf Lösungen zweiter Ordnung angewandt, „wo diese nicht nur keine Lösung herbeiführen, sondern selbst das zu lösende Problem sind" (²1979, 105). Während sich Lösungen erster Ordnung meist auf den gesunden Menschenverstand gründen, erscheinen Lösungen zweiter Ordnung oft unerwartet und vernunftwidrig. Indem sich Lösungen zweiter Ordnung auf weiterhin problemerzeugende bzw. –erhaltende Lösungsversuche beziehen, bedeutet das, „dass damit die zu lösenden Probleme jetzt und hier angegangen werden. (...) die entscheidende Frage ist daher was? und nicht warum?" (ebd.).

Darüber hinaus führen Lösungen zweiter Ordnung die Schwierigkeiten und Probleme aus den bisherigen Zusammenhängen heraus und stellen sie in einen weiteren Rahmen. Lösungen zweiter Ordnung bestehen daher also nicht in der Herbeiführung des Gegenteils einer erkannten Schwierigkeit. „Das überraschendste an ihnen ist, dass sie sogar – oder besonders – dort möglich sind, wo die konkreten Gegebenheiten einer Sachlage unveränderlich sind" (dies., 115). Das Umdeuten, das nach Watzlawick, Weakland und Fish zu Lösungen zweiter Ordnung führt, stellt eine erlebte und beurteilte Sachlage in einen neuen Gesamtzusammenhang und ändert den bisherigen.

> „Umdeutungen finden also auf der Stufe der Metawirklichkeit statt, wo (...) Veränderungen selbst dann möglich sind, wenn die konkreten Gegebenheiten einer Sachlage unveränderlich bleiben" (dies., 121).

Letztlich führt aber nicht irgendeine Umdeutung zum Ziel, sondern nur eine, die sich mit dem Denken und der Wirklichkeitsauffassung der Betroffenen vereinbaren lässt. Nur so wird es möglich, die von verschiedenen Seiten definierte Problematik aus ihren Objektivierungsversuchen herauszuführen und zu lösen. Die Umdeutung führt daher zum Nicht-Deuten, zum Nicht-Bewerten und Nicht-Beurteilen und schafft somit den ‚weiten Raum', der für Lösungen zweiter Ordnung notwendig ist.

Wie aber kommt man trotz eines potentiell ‚weiten Rahmens' dem Problemkomplex ‚innere Armut' näher? Gibt es überhaupt Lösungen zweiter Ordnung und damit einen Ausweg? Jiddu Krishnamurti schreibt dazu:

„Wenn man ein Problem durchschauen will, muss man sich also in erster Linie von dem Verlangen nach einer Lösung freimachen. Erst diese Freiheit setzt uns nämlich in Stand, dem Problem unsere volle Aufmerksamkeit zu widmen, weil unsere Gedanken nicht mehr durch nebensächliche Anliegen abgelenkt werden. Solange wir dem Problem innerlich widerstreiten oder in Gegensatz zu ihm stehen, können wir seiner nicht innewerden, denn der Widerstreit lenkt uns ab" (Krishnamurti 1981, 115f.).

5.1.2 Die Schwierigkeiten des Selbst

Um den beschriebenen Problemzusammenhängen im Sinne Krishnamurtis „innewerden" zu können, hilft möglicherweise noch einmal ein genauerer Blick auf die Gesellschaftsformen der Postmoderne im beginnenden 21. Jahrhundert (vgl. 2.1 und 2.2).
In diesen Strukturen und Ordnungen wird dem ‚Selbst' ein überaus hoher Stellenwert beigemessen. Volker Gerhardt weist in seinem bereits 1999 erschienenen Buch auf die Überhöhung des ‚Selbst' hin. Dies lässt sich besonders gut an der Flut der Begriffe erkennen, die das ‚Selbst' zum Thema haben:

- Selbstständigkeit
- Selbstbestimmung
- Selbstherrschaft
- Selbstzweck
- Selbstbewusstsein
- Selbststeigerung
- Selbstverantwortung
- Selbstbegriff
- Selbstgesetzgebung
- Selbstverwirklichung
- Selbstüberlassung

Das ‚Selbst' steht in vielen Situationen, bei etlichen Entscheidungen und Überlegungen im Mittelpunkt. Im Gegensatz zu manch anderen Kulturkreisen und Gesellschaftsformen ist dem postmodernen ‚Selbst' des 21. Jahrhunderts kaum etwas verboten. Tabus existieren nur am Rande.

Was aber ist dem ‚Selbst' tatsächlich möglich? Die Anforderungen an das ‚Projekt: mein Leben' steigen ständig und bringen aufgrund der erhöhten gesellschaftlichen Freisetzungsprozesse verschiedene Risiken des Misslingens mit sich. Woher erhält das ‚Selbst' seine Orientierungen und seine versichernden Rückbezüge?

Wie bereits an mehreren Stellen deutlich wurde, finden sich in der „flüssigen Moderne" (vgl. Bauman 2005) des 21. Jahrhunderts kaum standardisierte Lebensläufe. Vielmehr wird die steigende Flexibilität dem ‚Selbst' zur Falle. In ständiger Anforderung und Behauptung, Verwirklichung und Bestimmung sowie in Herrschaft und auch Gefälligkeit, droht das ‚Selbst' mehr und mehr zu einem „erschöpften Selbst" (vgl. Ehrenberg 2004) zu werden. Ist dem postmodernen ‚Selbst' also nichts wirklich verboten, aber gleichzeitig kaum etwas möglich?

Zudem läuft die Fokussierung der westlichen Industrienationen auf das ‚Selbst' in hohem Maße Gefahr, sich dadurch negativ zu verstärken, dass sich dieses über das (scheinbare) Paradigma (vgl. Kuhn 1962) des Konstruktivismus wissenschaftlich legitimiert sieht. Zumindest aber kann Walter Thimm Recht gegeben werden, wenn er befürchtet, dass sich „ein Alltagsverständnis von Selbstbestimmung, Autonomie, von subjektiver Freiheit, Auffassungen eines unendlichen Normen- und Wertepluralismus [durchsetzt], in dem ausschließlich das selbstverantwortete Handeln und die Einzigartigkeit des Individuums als unmittelbarste Entsprechungen für Freiheit propagiert werden (...), hier könnten sich ein solches Alltagsverständnis und Alltagshandeln ihre ‚wissenschaftliche' Legitimierung holen" (Thimm 1999, 223). Eine solche Sicht vom ‚Selbst' ist wohl nicht geeignet, den überaus hohen Individualisierungsdruck zu verringern, der durch den Wandel gesellschaftlicher Strukturen in der

Auflösung „kollektiv geteilter sozialer und kultureller Gewissheiten, Lebensformen und Bindungen" (ebd.) verursacht wird.

> „Warum nur legen wir so großen Wert darauf, bemerkt, gewürdigt und anerkannt zu werden? (...) Auf die eine oder andere Weise, handgreiflich oder versteckt, dient alles menschliche Streben der Selbstbetätigung und Erhöhung des Ichs. (...) Der Drang zu handeln, der uns keine Ruhe lässt und kein Neinsagen duldet, ist nichts anderes als unser Streben, bewusst da zu sein. Dieses Streben erst gibt uns das Gefühl, dass wir leben, dass unser Leben einen Sinn hat und dass es uns mit der Zeit gelingen wird, alles Leid und allen Zwiespalt mit der Wurzel auszurotten (...).
> Je größer der äußere Aufwand, desto schlimmer ist die innere Armut. (...) Ursache dieser inneren Leere ist das Begehren, etwas zu werden, und was du auch immer beginnen magst, die innere Leere lässt sich nicht füllen. Alle Zierde, mit der sich das Ich behängt, alle Entsagungen, die es sich auferlegt hat, können seine innere Armut nicht vertuschen" (Krishnamurti 1981, 60ff.).

Wie es dem ‚Selbst' in seiner individuellen und sozialen Situation innerhalb der postmodernen Gesellschaften des 21. Jahrhunderts geht, hängt stark von mindestens zwei Aspekten ab: zum einen von den Möglichkeiten, die gegeben sind und wahrgenommen werden, das eigene Leben in die Hand nehmen zu können und es immer wieder neu zu bewältigen wie auch zu gestalten. Zum anderen geht es um die sinnstiftenden sozialen Beziehungen, in die sich das ‚Selbst' eingebunden erfährt – ohne sich eingeengt zu erleben. Armut hat demnach in hohem Maße etwas mit Freiheit zu tun. Dort wo ein Mangel oder ein Überfluss an materiellen wie auch immateriellen ‚Gütern' besteht, existiert auch immer die Gefahr, diese nicht in Freiheiten umwandeln zu können.

> „Güter sind begehrt, um der Freiheiten willen, die sie einem verschaffen. Zwar benötigt man dazu Güter, aber es ist nicht allein der Umfang der Güter, der bestimmt, ob diese Freiheit vorhanden ist. Die Freiheit zum Beispiel über Raum zu verfügen: aus einer runtergekommenen Wohnung wegziehen zu können oder eben nicht. Oder sich frei ohne Scham in der Öffentlichkeit zu zeigen oder nicht. In Armut kann man sein Gesicht vor anderen verlieren. Oder die Verfügbarkeit über Zeit: Frauen mit Kindern in unsicheren Beschäftigungsverhältnissen wie Leiharbeit, die nicht entscheiden können, wann und wie lange sie arbeiten und wann eben nicht. Oder die Freiheit sich zu erholen. Die so genannte Managerkrankheit mit Bluthochdruck und Infarktrisiko tritt bei Armen [hier ist materielle Armut gemeint] dreimal so häufig auf wie bei den Managern selbst. Nicht weil die Manager weniger Stress ha-

ben, sondern weil sie die Freiheit haben, den Stress zu unterbrechen: mit einem guten Abendessen oder einer Runde Golf. Den Unterschied macht die Freiheit"
(Schenk 2007, 2).

Ralf Dahrendorf hat in anderem, für die Fragen rund um ,innere
Armut' jedoch wesentlichem Zusammenhang, eine Konzeption entwickelt, in der er zu einer Dimension der Optionen, also der sozialen wie
individuellen Möglichkeiten und Freiheiten, Ligaturen, also die sozialen
Zugehörigkeiten und Bindungen als notwendige Bedingung mit hinzu-
denkt, um „Lebenschancen" (vgl. Dahrendorf 1979) für alle zu erweitern.
Optionen sind nach Dahrendorf die in sozialen Strukturen gegebenen
Wahlmöglichkeiten, die für das Handeln bedeutsam sind und Selbstbe-
stimmungschancen ermöglichen bzw. erhöhen. Mit Ligaturen bezeichnet
er Zugehörigkeiten als sinnstiftende soziale Beziehungen, die das Fundament des Handelns bilden (können). Lebenschancen werden daher
verstanden als eine Art ,Wechselbeziehung' von beiden: Optionen und
Ligaturen.

Dahrendorf nimmt an, dass Ligaturen „gelöst werden [müssen], um
Menschen in die Lage zu versetzen, die Optionen der modernen Gesellschaft wahrzunehmen" (ders.). Die „Reduktion und am Ende Destrukti-
on von Bindungen steigert Wahlmöglichkeiten", aber nur „bis zu einem
gewissen Grade" (ders.). Wo eine postmoderne Gesellschaft und ihre
Lebensformen bzw. Lebensnotwendigkeiten Ligaturen oder Optionen
aus ihrem Gleichgewicht bringen, werden Lebenschancen vermindert.
Dahrendorf beschreibt dies in drei Momenten näher:

(1) Wenn Optionen in einer ,sozialen Wüste', beispielsweise durch
    überaus großen materiellen Reichtum oder auch materielle Ar-
    mut ausgelöst, von einem dadurch nahezu völlig von der Vielfalt
    der Gemeinschaft und ihrer Traditionen abgeschnittenen Indivi-
    duum stattfinden, dann fehlen genau diejenigen „tiefen kulturel-
    len Bindungen", eben die Ligaturen, „die Menschen in die Lage
    versetzen, ihren Weg durch die Welt der Optionen zu finden"
    (ders.). Es ist ihnen die Orientierung abhanden gekommen bzw.
    genommen worden, die ihnen bei den Entscheidungen helfen

könnte, „welchen Sinn es hätte, diese und nicht jene Option zu wählen" (ders.).

(2) Die sich zunehmend beschleunigende Abnahme und „Zerstörung von Bezügen in wichtigen Teilen einiger Gesellschaften" (ders.) innerhalb der „flüssig" (vgl. Bauman 2005) gewordenen Postmoderne hat in einem Prozess der Angleichung letztlich dazu geführt, „Komplexität zu vermindern, was wiederum zu einer Abnahme von Lebenschancen führt: die Wahlmöglichkeiten selbst verschwinden, die die postmoderne Gesellschaft allen offenbaren sollte" (vgl. Dahrendorf 1979). Gleichzeitig nimmt für manche Teile der Gesellschaft die sich zeigende Komplexität unter gleichzeitig sinkenden individuellen Wahlmöglichkeiten so stark zu, dass es zu einer inneren wie äußeren ‚Lähmung' kommt, die sowohl Optionen als auch Ligaturen, letztlich also Lebenschancen, reduziert.

(3) Der durch äußeren Reichtum oder äußere wie ‚innere' Armut selbst gewählte oder gesellschaftlich erzwungene Abbruch von Ligaturen kann „am Ende (...) den Gesellschaftsvertrag selbst bedrohen und die Rückkehr des Krieges aller gegen alle ankündigen (...). Die Zerstörung von Ligaturen hat menschliche Lebenschancen bis zu dem Punkt reduziert, an dem selbst Überlebenschancen wieder gefährdet sind" (ders.).

Dass das Gleichgewicht von Optionen und Ligaturen im Dahrendorfschen Sinne in den postmodernen Gesellschaftsstrukturen längst verschoben ist, darauf weisen auch die Untersuchungen von Schulze (vgl. 1992) deutlich hin. Während er auf der einen Seite die Entstandardisierung von Lebensläufen beschreibt, findet er auf der anderen Seite dennoch ein gemeinsames Charaktermerkmal der Mitglieder solcher Gesellschaften vor: „es ist die Gestaltungsidee eines schönen, interessanten, subjektiv als lohnend empfundenen Lebens" (Schulze 1992, 36). Die Wahlfreiheit im Sinne dieser Lebensentscheidungen aber ist fiktiv und erscheint nur als gesellschaftspolitische Fata Morgana permanent am Horizont. Wem die innere Kraft oder auch die Möglichkeiten fehlen, diese Spiegelbilder immer wieder neu als Trug zu identifizieren, wird unweigerlich zu ihrem Opfer und landet auf dem „Abfallhaufen der Moderne" (vgl. Bauman 2005).

5.1.3   Die Schwierigkeiten der Verwirklichung

Einen etwas anders gelagerten, den Gedanken von Ralf Dahrendorf jedoch nicht fernen Zugang, bietet der indische Nobelpreisträger für Ökonomie, Amartya Sen, mit dem „Capability-Approach", dem Verwirklichungschancenansatz, an. Er geht davon aus, dass Verwirklichungschancen die Freiheit eines Menschen darstellen, ganz spezifische Lebensentwürfe realisieren zu können.

> „Dazu gehören beispielsweise die Möglichkeiten, frei von vermeidbaren Krankheiten zu sein, über ausreichende Kompetenzen für alle wesentlichen Lebensbereiche zu verfügen, eigene Ziele im Erwerbsleben zu verfolgen, am gesellschaftlichen Leben teilzunehmen, eine Religion auszuüben oder sich ohne Scham in der Öffentlichkeit zu zeigen" (Arndt / Volkert 2006, 9).

Die Anzahl der Verwirklichungschancen beinhalten nach Sen einen Möglichkeitenpool von tatsächlich realisierbaren Lebensentwürfen. So kann man sich beispielsweise (meist) dazu entscheiden, eine bestimmte Religion auszuüben oder nicht, während die Chancen am gesellschaftlichen Leben teilzunehmen nicht automatisch eine Frage der eigenen Entscheidung ist. Sen kritisiert in seinen Ausführungen die oftmals in utilitaristisch geführten Gerechtigkeitsdebatten vollzogene Gleichsetzung von Einkommen und Wohlergehen. Demnach hätte ein geringes Einkommen auch ein geringes Wohlergehen zur Folge, was sich jedoch leicht widerlegen lässt: „So mögen allein Erziehende zufrieden sein, wenn sich ihre Kinder gut entwickeln, auch wenn sie dies nur mit enormen persönlichen

Opfern erreichen" (dies., 10). Dass große Armut nicht zwangsweise zu Missbefinden führen muss und großer Reichtum nicht automatisch zu Wohlergehen, sondern vielmehr zu sozialer Ausgrenzung, ist seit längerem bekannt (vgl. Durth et al. 2002, 28). Es geht daher vielmehr um die Frage, inwieweit ein Individuum die Möglichkeit hat, Einkommen in Wohlergehen umzuwandeln. Diesen so genannten „gesellschaftlichen Umwandlungsfaktoren" hat sich vor allem John Rawls in seinem Entwurf einer Gerechtigkeitstheorie zugewandt (vgl. 1988). Nach Sen reicht dies aber nicht aus, um wirklich beurteilen zu können, wie ein ‚Selbst' mit der eigenen Lebenslage zurechtkommt bzw. sich in dieser ‚bewegen' kann. Entscheidend sind seiner Ansicht nach neben den gesellschaftlichen Umwandlungsfaktoren die persönlichen Umwandlungsfaktoren (vgl. 2002, 109). Denn je nach Alter und Geschlecht, nach Bildung und Kompetenz, nach Beeinträchtigung und Gesundheit, divergieren die Möglichkeiten des Selbst bei möglicherweise gleichen gesellschaftlichen Chancen, dennoch auf dem gesellschaftlichen „Abfallhaufen" (vgl. Bauman 2005) zu landen oder eben nicht. Christian Arndt und Jürgen Volkert weisen in diesem Kontext berechtigterweise auf internationale Studien hin, die belegen, „dass die Ungleichheit zwischen Männern und Frauen zunimmt, wenn man nicht nur das Einkommen, sondern auch weitergehende Bestimmungsgrößen der Verwirklichungschancen betrachtet" (Arndt / Volkert 2006, 18). Dies lässt sich bereits am persönlichen Umwandlungsfaktor der Verfügbarkeit eines Kinderbetreuungsplatzes für eine allein erziehende, berufstätige Mutter deutlich ablesen. Als Beispiel aus dem Kinder- und Jugendbereich ließe sich anführen, dass kulturelle Angebote in guter Absicht durchaus kostenlos allen Kindern und Jugendlichen einer Stadt angeboten werden können, diese aber nur von einem Bruchteil genutzt werden, weil beispielsweise für die Nutzung einer Bücherei der persönliche Umwandlungsfaktor im Bereich notwendiger Kompetenzen nicht vorhanden ist oder ausgebildet wurde.

Interessant ist, dass sich die persönlichen Umwandlungsfaktoren auch im nichtfinanziellen Bereich und im Zusammenhang von Reichtum zeigen:

„Vergleichbares gilt auch im Reichtumskontext. So zeigen Fallstudien, dass Frauen von ‚Ultrareichen' in den USA mehr als nur am Einkommen und Vermögen ihrer Männer partizipieren wollen und danach streben, sich durch eigenständige Arbeit und politisches und soziales Engagement selbst zu verwirklichen und gesellschaftlich anerkannt zu werden" (dies., 18f.).

Walter Thimm bietet für die bislang aufgeführten Einbindungen und Verstrickungen des ‚Selbst' und seine individuellen wie gesellschaftlichen Möglichkeiten einen weiteren Aspekt an: Wo Gesellschaftsformen ständig Wahlfreiheit für Lebensentscheidungen suggerieren, dort ist das Individuum vor die Aufgabe gestellt, Komplexität zu reduzieren, um überhaupt noch zu Entscheidungen gelangen zu können. Indem aber „Bezüge (oder doch jedenfalls Hauptbezüge) zur Welt eingeschränkt werden auf den ‚Erlebnischarakter' der Erscheinungen (seien es nun schöne Naturerlebnisse, Reiseerlebnisse, subjektive Befriedigung sozialer Beziehungen), erzeugt diese Art von Außenbezug subjektiv das Gefühl von Autonomie: Die Außenwelt, die physische wie die soziale, ist sozusagen vereinnahmt, sie ist reduziert auf individuelles Erleben" (Thimm 1999, 226). Ein „erschöpftes" (vgl. Ehrenberg 2004), ausgebranntes, zumindest aber überfordertes ‚Selbst' ist die Folge.

Hinzu kommt, dass sich durch die Überbetonung erlebnisorientierter Außenbezüge, die lebenslange Identitätsarbeit des Menschen auf eine einzige Dimension verkürzt: weder sind weitere, anders zu charakterisierende Außenbezüge erkennbar, noch notwendige Innenbezüge. Das ‚Selbst' läuft Gefahr, durch die aus einseitiger Identitätsdefinition entstandene Überforderung, innerlich zu verarmen. Wege aus ‚innerer Armut' wären also notwendigerweise zu charakterisieren als Wege, die es dem ‚Selbst' wieder ermöglichen, in vielfältige Außen- wie Innenbezüge zu sich selbst und zur Welt treten zu können, und damit die eigene Identitätsaufgabe zu verstärken. Gleichzeitig ergibt sich daraus die Frage, wie gerade von großer Armut oder großem Reichtum betroffene Kinder und Jugendliche in den Strukturen postmoderner Gesellschaften statt Fata Morganas wieder soziale Sinnhorizonte ausmachen können, in denen Selbstbestimmung und freie Lebensentscheidungen dann erst wirklich Sinn machten.

Für die Pädagogik hieße dies auch, mit Kindern und Jugendlichen aus individuell gewordenen Zuständen wieder soziale Prozesse werden zu lassen. Es wäre also in hohem Maße auf die Möglichkeiten zu achten, wie sich Kindern und Jugendliche zwischen Mangel und Überfluss innerlich wie äußerlich dauerhaft mit der ‚Welt' und diese sich mit ihnen verbinden kann.

5.1.4 *Die Schwierigkeiten der Schule*

Dass Sinnhorizonte für Kinder und Jugendliche in hohem Maße mit der schulischen Laufbahn in Zusammenhang stehen, verwundert nicht. Zumindest dem Anspruch nach, ist die Schule jene frühe und prägende Institution, die ganz grundlegend das Anliegen hat, Kinder und Jugendliche mündig zu machen, ihr ‚Selbst' für eigene wie gemeinsame Aufgaben zu entwickeln und zur Entfaltung zu bringen und sie zu gesellschaftlich verantwortungsbewussten Mitbürgern zu erziehen. Dass Schule dabei mit dem Anliegen auftritt, möglichst allen gleiche Chancen einzuräumen, ist sicherlich ein gut gemeintes Ziel, das aber in der institutionellen Wirklichkeit die gesellschaftlichen wie die subjektiven Wirklichkeiten weit verfehlt. Pierre Bourdieus wissenschaftliche Untersuchungen zur Übertragung des kulturellen Erbes von Eltern auf Kinder, zeigen ganz deutlich wie stark diese lebenslagenspezifischen, kulturellen Dimensionen, in Form von Sprache und so genannter „zweckfreier Bildung" (vgl. 2001, 31) geradezu osmotisch übertragen werden und ein Leben lang, unabhängig von biografischen Entwicklungen, Einfluss ausüben. Die Bedingungen der je konkreten, in gewisser Weise objektiv gegebenen Lebenslage, bestimmen die Einstellungen der Eltern zu Schule und ihrer Bedeutsamkeit in einem viel höheren Maße als sie es vielleicht selbst vermuten möchten. Nach den Lebensbedingungen, der kulturellen Übertragung und den daraus entstandenen Einstellungen, richten sich auch die Einstellungen der Kinder zu schulischen Entscheidungen und zur

Schule überhaupt. Haben Eltern aus sozial schwierigen Verhältnissen Schule beispielsweise als andauernde Misserfolgsgeschichte erlebt, die sie jahrelang ‚überlebten', um sie dann möglicherweise sogar ohne einen Schulabschluss zu verlassen, so prägt dies entscheidend die Einstellungen ihrer Kinder zur Schule. Selbst wenn die gleichen Eltern auf einer Vernunftebene nicht müde werden zu betonen, wie wichtig Schule sei, wird ihr emotionales, ihr inneres Verhältnis zur Schule die Oberhand behalten und für ihre Kinder spürbar bleiben. „Ihr Verhalten richtet sich objektiv nach einer auf Erfahrung beruhenden Einschätzung dieser objektiven, für alle Individuen ihrer Kategorie bestehenden Chancen" (Bourdieu 2001, 33). Folgende Aspekte gelten daher besonders für Kinder und Jugendliche in materieller Armut und sozial bedrängenden Lebenslagen als biografisch vermittelte Ausschlussfaktoren bezogen auf ihre schulische Laufbahn (vgl. Zenke 2006, 17):

- unzureichendes kulturelles und ökonomisches Kapital in den Familien, bei Ausländern oftmals verbunden mir sozialer, nationaler und religiöser Entwurzlung durch Vertreibung, Flucht oder Arbeitsmigration
- Verinnerlichung geringer Ansprüche an die eigene Zukunft
- niedrige Bildungsaspirationen der Eltern für ihre Kinder
- mangelhafte Verfügungskompetenz im Umgang mit der bildungsrelevanten Infrastruktur
- vergleichsweise hohe psychosoziale Belastungen in der Familie
- begrenzte und damit begrenzende kulturelle Praktiken in den engen Lebensräumen von Großfamilie, ethnischer Nachbarschaft und Gemeinde
- fehlende Einblicke in Aufbau, Funktionsweise und Bedeutung des deutschen Ausbildungssystems

Folgt man Pierre Bourdieus Untersuchungen weiter, so lässt sich festhalten, dass Kinder und ihre Familien sich stets nach den Zwängen und Bedingungen entscheiden, die ihr Leben formen.

> „Mit anderen Worten, die Struktur der objektiven Chancen sozialen Aufstiegs und
> genauer, des Aufstiegs durch die Schule, bestimmt die Einstellung zur Schule zu
> gehen, sich deren Werte und Normen zu eigen zu machen" (ders., 34).

Interessant wäre es in diesem Zusammenhang, den Verinnerli-
chungsprozess beschreiben zu können, in dem sich aus den Lebensgegebenheiten, die für Kinder und Jugendliche zunächst einmal faktisch, also
‚objektiv' existieren, plötzlich oder auch ganz selbstverständlich subjektive Erwartungen und Einstellungen formen, die dann im ‚Falle' von materieller Armut, Perspektivenlosigkeit, Hoffnungslosigkeit, Gleichgültigkeit
und Verzweiflung Formen ‚innerer Armut' zur Folge haben können.
„Was ist die Einstellung gegenüber der Zukunft (…) anderes, als die Verinnerlichung der objektiven Zukunft, die sich durch die Erfahrung von
Erfolg und Scheitern stets aufs Neue aufzwingt" (ebd.)?

Es stellt sich aus alledem heraus die Frage, mit welcher Verantwortung sich Schule diesen Gegebenheiten stellt bzw. inwieweit sie nicht
sogar zum Bestehen der Ungleichheit beiträgt – selbst wenn ihr Anliegen
und ihr Anspruch ein anderer sein mögen. Indem das Schulsystem nämlich alle Kinder und Jugendlichen, wie ungleich auch immer sie sein mögen, in ihren „Rechten wie Pflichten gleich behandelt, sanktioniert es
faktisch die ursprüngliche Ungleichheit gegenüber der Kultur" (ders.,
39). Die Ungleichheit entsteht bzw. manifestiert sich besonders dadurch,
dass Unterricht von allen Schülern die gleiche Kultur abverlangt. Diese
ist aber durch die Bedingungen des kulturell übertragenen Erbes ihrer
Herkunft höchst unterschiedlich.

> „Eine rationale und wirklich universelle Pädagogik würde, da sie nicht für erwor-
> ben hält, was einige wenige nur ererbt haben, sich von Beginn an nichts schenken
> und sich zu einem methodischen Vorgehen im Hinblick auf das explizite Ziel ver-
> pflichten, allen die Mittel an die Hand zu geben, all das zu erwerben, was unter
> dem Anschein der ‚natürlichen' Begabung nur den Kindern der gebildeten Klassen
> gegeben ist" (ebd.).

Und noch ein zweites Problem zeigt sich, dass eher dazu beiträgt,
äußere wie innere Ungleichheit im schulischen Kontext zu manifestieren.
Nicht nur, dass es Lehrern aufgrund ihrer eigenen sozialen, meist mittel-

schichtigen Herkunft schwer fällt, Armut allgemein, geschweige denn vielfältig, in ihren Klassen wahrzunehmen und darauf adäquat zu reagieren (vgl. Müller 2005; Cramer / Müller 2006), „als Produkte eines Systems, das zur Vermittlung einer ihrem Inhalt wie ihrem Geist nach aristokratischen Kultur bestimmt ist, neigen die Lehrkräfte dazu, sich dessen Werte wohl mit um so größerem Eifer zu eigen zu machen, je vollständiger sie ihm ihren universitären und gesellschaftlichen Erfolg verdanken. Wie sollten sie da, auch und vor allem ohne es zu wissen, die Werte ihres Herkunfts- oder Zugehörigkeitsmilieus nicht in ihre Art der Beurteilung und des Unterrichtens einbringen" (Bourdieu 2001, 40).

Ein dritter Aspekt bezieht sich maßgeblich auf das deutsche Schulsystem und die gescheiterten Reformen, das selektive Schulsystem zu überwinden.

> „Zusammenfassend ist hier festzuhalten, dass die (...) erfolglosen Bildungsreformen für viele der deutschen wie ausländischen Sonder- und Hauptschüler zu einem irreversiblen Ressourcenverlust geführt haben. Mit der Abwanderung der ‚fähigeren Schüler' von den Hauptschulen, fehlen den ‚übrigen' positive Beispiele und Lernanreize durch Mitschüler aus sozial besser gestellten Familien. Ferner werden sie mit der abnehmenden Akzeptanz eines Hauptschulbesuches (...) frühzeitig zu Schulversagern abgestempelt. Beides bleibt nicht folgenlos im Hinblick auf die Entwicklung ihres Selbstbewusstseins, ihrer Lernmotivation, ihrer Kontaktfähigkeit und Akzeptanz von gesellschaftlichen Normen – sprich: auf die Entwicklung von Sozialkompetenzen [sowie auf die Entwicklung von emotionalen Kompetenzen]" (Solga 2006, 139).

Im Anschluss an die Schulzeit in Haupt- und Förderschulen ist das hier angesprochene Problem aber nicht erledigt, es setzt sich vielmehr fort. Jugendliche ohne oder mit einem kaum arbeitsmarktrelevanten Abschluss treffen sich wieder in berufsvorbereitenden und berufsfördernden Maßnahmen. Erneut fehlen zum einen positive Vorbilder und zum anderen steigt die Gefahr der Abbrüche solcher Maßnahmen, da die betroffenen Jugendlichen oft mehr als schulmüde sind und den Sinn hinter all den zu absolvierenden Aufgaben oft nicht erkennen können. „Es wird erwartet, dass sie den Schulabschluss, den sich nach 9 bis 10 Schuljahren nicht erreicht haben, in einem Jahr nachholen und dies mit Lerninhalten und Werten" (Solga 2006, 141), die sie schon in der Grundschule überfordert haben. Demotivation statt Eingliederung sowie Abbruch und inneres Aufgeben statt Aufbruch und Entwicklung von Zielen wie Sinnhorizonten sind die Folge. Der Übergang aus diesen Maßnahmen in das Erwerbsleben bedeutet dann für viele die Enttäuschung der verbleibenden Hoffnungen sowie das Wirklichwerden ihrer jahrelang aufgebauten Erwartungen und Befürchtungen. Nun kann sich Verarmung breit machen und die leer gewordenen inneren Räume mit ihrer lähmenden Kraft belegen. Die Jugendlichen und jungen Erwachsenen erleben also „eine kontinuierliche Folge schulischer und beruflicher Misserfolge, die von ihnen und durch die Umwelt als eine Serie persönlicher Niederlagen interpretiert wird und die sich schließlich auch im Selbstkonzept der Betroffenen festsetzt (...)" (ebd.).

Ohne in Schwarzmalerei verfallen zu wollen, mag man angesichts solcher Entwicklungen geneigt sein, Martin Kronauer recht zu geben, wenn er schreibt, dass „die Einrichtungen des Bildungssystems, eigentlich in besonderem Maße mit der Aufgabe der sozialen Integration betraut", sich verkehren „in Institutionen der sozialen Selektion, wenn Qualifikation nicht mehr nur beruflichen Status innerhalb des Erwerbssystems vermittelt, sondern zur Zugangsvoraussetzung wird, um überhaupt im Erwerbsleben Fuß fassen zu können" (Kronauer 1999, 68).

Man sieht also, wie sehr dass Schulsystem aus sich heraus, beinahe schon zwingend, dazu beiträgt, Ungleichheit zu manifestieren und Auswege aus äußerer wie ‚innerer' Armut zu verhindern. Nach Lösungen, gleich welcher Ordnung zu suchen bzw. diese immer wieder neu in bildungspolitischen Debatten zu fordern, greift angesichts der von Pierre Bourdieu erzielten Untersuchungsergebnisse viel zu kurz. Letztlich wird das System ‚Schule' weder durch zunehmende äußere wie ‚innere' Armut noch durch zunehmenden Reichtum wirklich in seinen institutionellen Festen erschüttert.

„In eine als ‚Niveauverlust' erlebte Krise gerät es erst, sobald es eine immer größere Zahl von Schülern aufnehmen muss, die entweder nicht mehr im gleichen Maße

über das kulturelle Erbe ihrer sozialen Klassen gebieten wie ihre Vorgänger (...) o-
der die als Angehörige der kulturell benachteiligten sozialen Klassen, über kein kulturelles Kapital verfügen" (ders., 44).

5.2 ‚Innere Armut' – Möglichkeiten der Rehabilitation?

> „Siehe, die Vögel werfen sich gegen die Sterne,
> und anders als früher streift uns die Erde."
>
> *Jean Gebser*

Auch wenn man Zygmunt Bauman in weiten Teilen Recht geben mag,
was seine ‚düsteren', zumindest aber sehr realitätsnahen Charakterisie-
rungen der postmodernen Gesellschaftsformen betrifft, so heißt das
nicht, dass es sich nicht lohnte darüber nachzudenken, wie sich der Anteil der (von ihnen) „Verworfenen" (vgl. Bauman 2006) gering halten
ließe oder sogar in die Gesellschaft zurückgeführt werde könne. Die Debatten um verschiedene Wohlstandsmodelle, die von Parteien, Kirchen
und anderen gesellschaftlichen Trägern geführt werden, zielen nicht nur
auf eine Zukunftsfähigkeit im Sinne wirtschaftlicher Konkurrenz oder
langfristiger Überlebensfähigkeit postmoderner Lebensformen. Es lässt
sich auch beobachten, dass es ihnen vorrangig um Fragen der Gerechtigkeit wie der Nachhaltigkeit von Entwicklungen geht. Dass dabei Armut
wie Reichtum, wenn auch zunächst nur in materieller Hinsicht, im Mittelpunkt der Überlegungen und Vorschläge stehen, versteht sich fast von
selbst. Für die Mitglieder der postmodernen Wohlstandsgesellschaften
stellt sich aber doch die Frage, ob zur Verminderung von Armut und zur
Schaffung eines größeren Ausmaßes an Gerechtigkeit „die übliche Rede
von ‚Verzicht' – so nahe liegend sie sein mag – in die Irre führt; suggeriert sie doch, wir hätten bereits was wir wollten. Aber arbeiten wir wirklich für das, was wir brauchen? Wird nicht der Abstand zwischen dem,
was wir gerne hätten, und dem, was wir bereits haben, mit jedem

Kaufakt eher größer als kleiner? Von dieser Dynamik der Gier lebt schließlich unsere Wirtschaft: Sie kennt kein, genug'" (Schneider 2007, 2). Dennoch: „Wer aufgrund knapper Haushaltskasse im Supermarkt vor den Billigangeboten Schlange steht, für den dürften alle wohlgemeinten Appelle der Mäßigung zynisch klingen. Nur wer mehr als genug hat, wird sich die Frage nach dem rechten Maß stellen" (ders., 4)

Letztlich müsste es den Mitgliedern einer ‚sich verflüssigenden' Postmoderne darum gehen, die Abkehr von geliebten Gewohnheiten zugunsten einer stärkeren Gerechtigkeit und Nachhaltigkeit für sich und andere so attraktiv zu machen, dass aus vordergründig schlechtem Gewissen und manchem moralischen Zeigefinger ein gesellschaftlich relevantes Handeln entsteht.

Dies macht auch notwendig, ganz allgemein über ein neues Verhältnis von Nähe und Ferne nachzudenken. Mit der zunehmenden Reduktion von Entfernungen durch globale Prozesse, drohen spezifische Räume und Lebenssituationen ihren Charakter und damit ihre je eigene Bedeutsamkeit für die in ihnen lebenden Menschen zu verlieren. Doch die Regionalität und Überschaubarkeit der individuell wie gemeinsam bedeutsamen Lebensräume schafft eine Nähe, die sozial verbindliche und damit auch nachhaltige Beziehungen und Entwicklungen zu und mit sich wie auch anderen ermöglicht. Dies sind Prozesse, die sich nicht nur auf Fragen einer materiellen Verteilungsgerechtigkeit beziehen lassen, sondern vorrangig auf die innere Situation spezifischer Lebensräume der einzelnen Mitglieder.

Setzt man dieses Nachdenken auf pädagogischer Ebene fort, so stellt sich im Zusammenhang mit ‚innerer Armut' die Frage nach den Möglichkeiten einer ‚weit' verstandenen Rehabilitation.

Doch der Begriff der Rehabilitation ist zumindest im deutschen Sprachgebrauch stark medizinisch besetzt und mag gerade im Zusammenhang mit ‚innerer Armut' sehr erstaunen. Emil Kobi aber schlägt vor, zum ursprünglichen Wortsinn zurückzufinden und weist daher auf die mit ihm verbundene Aufgabe hin: es geht um eine „Wiederbehausung" (Kobi 1988, 28) des Menschen in sich und in die sie umgebenden wie gleichzeitig ständig sich wandelnden Situationen. Es handelt sich, seiner

Meinung nach, um die ganz konkrete Aufgabe, unbehauste, aus ihrem
‚inneren Haus' vertriebene Kinder und Jugendliche in dieses zurückzu-
führen bzw. dieses mit ihnen grundsätzlich (neu) zu bauen. Dabei gilt es,
miteinander die Fragen zu beantworten, welche Bausteine ein solches
Haus benötigt, in dem man innerlich beheimatet sein kann und will.

Für mögliche Antworten ist es sicherlich interessant, die Überlegungen der systemisch-ökologischen Heilpädagogik mit einzubeziehen,
die ursprünglich genau von dieser Grundfrage ausgegangen ist: leitet
sich doch das Wort ‚ökologisch' vom griechischen Wort ‚oikos' ab, was
‚Haus' bedeutet.

Im Folgenden sollen verschiedene Formen und Wege, unterschiedliche Ebenen und Dimensionen aufgezeigt werden, die nach eigener Wahrnehmung als Bausteine oder auch Raumskizzen zu einem solchen inneren Hausbau, einer Wiederbehausung von Kindern und Jugendlichen
zwischen Mangel und Überfluss beitragen könnten.

5.2.1   Wiederbehausen: Fundamente

5.2.1.1 Energien haben

Energie steht bewusst ganz am Anfang der Überlegungen zu einer
Grundlegung der inneren Wiederbehausung verarmender und verarmter
Kinder und Jugendlicher. Sie ist die Basis, der Ausgangspunkt und die
Voraussetzung für alles menschliche Leben, für jede Entwicklung, für
innere wie äußere Prozesse, das Fundament der gesamten Lebensbewäl-
tigung wie Lebensgestaltung. Der Mensch stellt eine höchst komplexe
Struktur von Systemen und Subsystemen dar, die sich in ihren unterschiedlich ausgeprägten und angelegten Energiemustern und –
potentialen ergänzen, gegenseitig fordern, Konkurrenz machen und be-

einflussen. So verfügt ein jeder Mensch über ein ihm eigenes, stärkeres oder schwächeres Lebensenergiepotential, das er mehr oder weniger für sich zu nutzen weiß, das ihm aber auch im Wege stehen und ihn hemmen kann. Umwelt und Mitmenschen stellen den jeweiligen Lebensenergiepotentialen ständig Inhalte zum Aneignen, zur Auseinandersetzung, zum Kreieren und zur Gestaltung zur Verfügung. Im Zusammenhang ‚innerer Armut' können diese Resonanzprozesse von Lebensenergie und ‚Welt' aber auch ‚verklingen' oder in ‚Disharmonie' geraten. Wenn sich zum einen die ‚Welt' eindimensional und abweisend, eine Gesellschaft konkret ablehnend und ausschließend zeigt oder so empfunden wird, dann schwächen sich Lebensenergiepotentiale entsprechend ab und finden keine neue Quelle, aus denen sie sich speisen könnten. In Folge davon erschlafft alles Lebendige und die ‚innere Flamme' droht zu erlöschen. Zum anderen kann sich durch derartige Erfahrungen eine so große innere Leere ausgebreitet haben, dass nichts Energetisches, kein scheinbar neuer oder gar schöpferischer Impuls, von außen kommend, Platz finden können. Man nimmt die ‚Angebote' nicht wahr, weiß nichts mit ihnen anzufangen, sie nicht mit den eigenen, (einst) vorhandenen Potentialen zu verbinden und empfindet das Außen vielleicht sogar als Bedrohung, der es zu entkommen gilt.

Peter Heitkämper beschreibt dieses Lebensenergiepotential in seinem Buch „Die bioenergetische Schule" (vgl. 1996) sehr präzise:

> „Das Energiekonzept (Materie = Energie = Information) umfaßt alle Bewegungen, Wahrnehmungen, Sinnlichkeit, Emotion, Handlungen, Kognition im grundlegenden Bereich vom biophysikalischen (elektromagnetischen, elektrolytischen) Erklärungskonzept bis hin zum Bewusstseinskonzept (...). Das Fortschreiten der Wissenschaften in zellulare, molekulare, atomare, subatomare Bereiche macht offensichtlich, dass der Mensch elektrisch ist, dass er (wie alles) aus energetischer Elektromagnetik aufgebaut ist, daß der gesamte Lernprozeß gehirnphysiologischneurologisch äußerlich ein elektrisch chemischer und innerlich ein psychisch–bewusstseinsmäßiger Vorgang ist" (Heitkämper 1996, 19).

Es geht, grundsätzlich gesprochen, um ganz basale Formen des Lernens, der Veränderung und Wandlung sowie der Entstehung von Neuem. ‚Innere Armut' aber stellt das Gegenteil all dessen dar.

Die Energien eines Menschen: seine Sinne, sein Wille, sein Denkvermögen, seine Intuition und sein Handeln, werden durch ständige Anforderungen wie Angebote dauernd bis an die Grenzen der Leistungsfähigkeit geführt und bisweilen darüber hinaus lebendig gehalten. Lernen ist demnach nichts anderes als die permanente Neustrukturierung, die natürliche Aufgabe, das Elixier und im Ergebnis der mögliche innere Reichtum eines Menschen mit seinen spezifischen Lebensenergiepotentialen.

> „Der zentrale Begriff des Lebenspotentials hat durch das neue Denken, die Evolutionstheorie nach Pierre Teilhard de Chardin und Erich Jantsch, die Physik nach David Bohm, die Chaostheorie, die Psychologie nach Stanislav Grof, die Bewusstseinsforschung nach Ken Wilber und Robert Ornstein, die Gehirnforschung nach Johannes, durch die umfangreiche Literatur zu Erfahrungen von Lebensenergie und zu deren wissenschaftlichen Erklärungen, durch das Informationsmodell des Rupert Sheldrake, nicht zuletzt auch durch mannigfache feministische Forschungen und ebenso durch eine große Anzahl neuer Wissenschaften und neuer bioenergetischer, psychoenergetischer und mentalenergetischer Methoden ein solches qualitatives, vielgestaltiges Schwergewicht und eine immer stärkere konzeptionelle Absicherung erfahren, dass die neue Reformpädagogik diese Ansätze und Modelle eines modernen Begriffs des Lebenspotentials verarbeiten muß. Sie sind in der Pädagogik größtenteils nicht oder nur privat bekannt" (Heitkämper 1996, 17).

Man kann Peter Heitkämper zustimmen, dass dieses Wissen in der Pädagogik bislang viel zu wenig Berücksichtigung findet, besonders, weil sich an diesen Ausführungen deutlich abzeichnet, wie wichtig es im Zusammenhang mit ‚innerer Armut' von Kindern und Jugendlichen wäre. In welche Wirksamkeit kann das Lebenspotential dieser Kinder und Jugendlichen kommen? Wie entsteht in ihnen eine „innere Wirkkraft des Lebendigen" (ebd.)? Wie sähe eine energetische Pädagogik aus, an der nicht der Anstrich des Esoterischen haftet und die dennoch in eine Existenz und ein Handeln kommt für Kinder und Jugendliche, die keinen Zugang zu ihren eigen wie auch anderen Energiequellen haben oder aber diesen verloren haben?

Provokativ ausgedrückt, könnte man eine Gemeinsamkeit von Schule und ‚innerer Armut' formulieren: es werden Kindern und Jugendlichen (nur noch) fokussierende Lerninhalte angeboten bzw. nur noch fokussierende Zugänge zur ‚Welt' ermöglicht. Dies muss im Fall der Schule nicht immer zu Lasten der Qualität gehen, kann aber schnell zu Verengungen im Sinne ‚innerer Verarmung' statt zu Horizonterweiterungen im Sinne inneren Reichtums führen. Schulische Inhalte haben im Zusammenhang ‚innerer Armut' dann eine gute Chance, wenn sie in Resonanz mit den Energiepotentialen ihrer Schüler gehen. Dies macht nicht nur die pädagogische Kunst aus, sondern benötigt auch ein energetisches Wissen.

Nach Peter Heitkämper ermöglicht ein solches Wissen das Lernen auf der Basis von „Vernetzungen mit unterschiedlichen energetischen Ebenen und Systemen der Lebenskraft" (Heitkämper 1996, 27).

Ein so geartetes Lernen wie pädagogisches Denken orientiert sich qualitativ an den jeweiligen Lebensenergiepotentialen von Kindern und Jugendlichen. Es bezieht „möglichst viele Lernenergien des Kindes und Jugendlichen in den Lernprozess ein; versucht, sie vielfältig anzusprechen und miteinander zu verbinden, lässt die Transformationsprozesse im Fluss und erzielt nicht zielstrategisch Ergebnisse" (Heitkämper 1996, 30), die letztlich keine sind.

Eine in Verbindung mit ‚innerer Armut' äußerst bedeutsame Form der Energie ist die innere Widerstandskraft, der sich das folgende Kapitel genauer zuwendet.

5.2.1.2 Widerständigkeit aufbauen

> Aus dem Himmel eine Erde machen,
> aus der Erde einen Himmel,
> wo jeder aus seiner Lichtkraft einen Stern ziehen kann.
>
> *Rose Ausländer*

Resilienz wird verstanden als Widerstandskraft in belastenden, bedrängenden oder traumatischen Lebenslagen. „Das pädagogische Interesse ist

(...) im besonderen auf die Frage gerichtet, ob und wie Kindern geholfen werden kann, damit sie die Not und die Widrigkeit ihrer gegebenen Lebensumstände meistern können" (Speck 1999, 353). Im (sonder)pädagogischen Bereich versucht die Resilienzforschung, eine veränderte Sichtweise von Kindern und Jugendlichen zu gewinnen, indem sie neuere Ansätze der Sozialstrukturanalyse in ihre Untersuchungen mit einbezieht. Darüber hinaus fragt man sich, inwieweit eine pädagogische Umorientierung notwendig ist, um den aktuellen und allem Anschein nach sich erhöhenden Risiken kindlicher wie juveniler Entwicklung begegnen zu können. Aus verschiedenen Untersuchungsergebnissen (vgl. Rutter 1979, Werner 1982, Maughan 1989, Werner 1993) wird deutlich, dass diese ,Risikokinder' in größerem Maße psychischen wie physischen Verletzungen ausgesetzt sind als andere Kinder.

Widerstandskraft im Sinne einer ,inneren Unverletzbarkeit' ist wohl seitens der Pädagogik als Ergebnis nicht zu erzielen und auch nicht anzustreben, da es sie „anthropologisch gesehen gar nicht geben kann" (Speck 1999, 356). Vielmehr geht es wohl darum, dass die Widerständigkeit so genannter Risikokinder gegen seelische Verletzungen und innere Gefährdungen im Sinne eines veränderten Umgangs mit diesen gestärkt wird. Es käme also darauf an, „Kinder so zu erziehen, daß Verletzungen bei ihnen weniger Spuren hinterlassen, was bedeutete, daß ihnen Verletzungen nicht so viel anhaben können und sie gewissermaßen nicht ,aus der Bahn geworfen' werden" (ebd.).

Widerständigkeit, Spannkraft, Elastizität und Strapazierfähigkeit sind erweiterte Wortbedeutungen des lateinischen Begriffs ,resilere', der eigentlich ,abprallen' meint. Der Resilienzforschung geht es darum, wie Kinder und Jugendliche eine innere Widerständigkeit entwickeln können, so dass belastende Lebensmomente an ihnen förmlich ,abprallen' und ihnen nichts, zumindest aber weniger, anhaben können.

Was diese Forschungsrichtung in den letzten Jahren so stark hat anwachsen lassen, ist nicht nur die zunehmende Zahl von materiell armen, also in sozial schwierigen Verhältnissen aufwachsenden Kindern und Jugendlichen in Deutschland, sondern vor allem die Wahrnehmung, dass es immer mehr Kinder und Jugendliche gibt, die sich trotz enormer Lebensbelastungen und entgegen mancher Erwartungen, positiv und stabil entwickeln. Die Resilienzforschung hat es sich zur Aufgabe gemacht, das Geheimnis um die konstruktiven Bewältigungskompetenzen zu lüften, die Kinder und Jugendliche zu großer innerer Stärke führen. Wie aber entwickelt man Fähigkeiten und Fertigkeiten, die helfen, sich in schwierigen Lebenslagen nicht unterkriegen zu lassen oder an Belastungen nicht zu zerbrechen?

Resilienz, jene geheimnisvolle Widerstandskraft meint das „Immunsystem der Seele" (vgl. Wustmann 2005). Um dieses Immunsystem besser kennen zu lernen, ging die Resilienzforschung zunächst von folgender Annahme aus: Lebende ‚Systeme', im weitesten Sinne also auch Kinder und Jugendliche, können innere und äußere Gegebenheiten niemals vollständig beherrschen oder kontrollieren. Sie müssen daher in der Lage sein, innere Belastungen und Gefährdungen ausgleichen zu können. Ein anschauliches Beispiel für Resilienz ist die Fähigkeit des ‚Stehaufmännchens', seine aufrechte Haltung aus jeder beliebigen Lage wieder einzunehmen. Pippi Langstrumpf ist der literarische Inbegriff eines solchen ‚Stehaufmännchens': die Mutter tot, der Vater nur selten zuhause, von den Stadtbewohnern misstrauisch beäugt, gestaltet sie unbekümmert und von ihrer Selbstwirksamkeit restlos überzeugt, ihr überaus buntes Leben.

Fasst man die Ergebnisse der bisherigen Resilienzforschung zusammen, so lassen sich nach Wustmann (vgl. 2005) folgende Beschreibungen machen:

> „• Resilienz bezeichnet kein angeborenes Persönlichkeitsmerkmal (...), sondern umfasst eine Kapazität, die im Verlauf der Entwicklung im Kontext der Kind-Umwelt-Interaktion erworben wird. Mit anderen Worten: Resilienz ist lernbar.
> • Resilienz kann mit der Zeit und unter verschiedenen Umständen variieren. Kein Mensch ist immer gleich widerstandsfähig. Mit anderen Worten: Resilienz ist keine lebenslange Fähigkeit gemäß ‚einmal erworben, immer vorhanden'.
> • Die Wurzeln für die Entwicklung von Resilienz liegen in besonders schützenden Bedingungen, die einerseits in der Person des Kindes, andererseits in seiner Lebensumwelt lokalisiert sein können".

Auch wenn es bislang keine einheitliche Resilienzforschung gibt und die methodischen Vorgehensweisen zum Teil stark differieren, so lassen sich bezüglich der Ressourcen resilienter Kinder und Jugendlicher doch weitestgehend übereinstimmende Ergebnisse ausmachen.

Zum einen sind sie von ihrer inneren Kontrollfähigkeit überzeugt. Das heißt, dass sie in (schwierigen) Lebenssituationen selbst Verantwortung übernehmen und nicht unbedingt Hilfe und Unterstützung von Erwachsenen erwarten. Sie sind von der Selbstwirksamkeit ihrer Entscheidungen und ihres Handelns überzeugt.

Zum zweiten erleben als resilient zu bezeichnende Kinder und Jugendliche ihre Lebensumwelt insgesamt als positive Herausforderung mit immer neuen Aufgaben, an denen sie sich beweisen und bewähren können. Das lässt darauf schließen, dass diese Kinder über recht flexible Denkmuster verfügen, die es ihnen erlauben, auch schwierige oder innerlich bedrängende Lebenslagen positiv umzudeuten und dadurch zu Bewältigungsstrategien zu finden.

Ein dritter Aspekt, der wohl allen resilienten Kindern und Jugendlichen gemein ist, stellt eine Art innere Selbstverpflichtung dar, das eigene Leben für sinnvoll zu empfinden, sich realistische Ziele zu setzen und an diese auch zu binden.

Aus diesen drei personalen Ressourcen lässt sich nun gut auf soziale, die innere wie äußere Lebenswelt des Kindes oder Jugendlichen unterstützende Ressourcen schließen.

Ganz entscheidend ist wohl, dass sie zumindest eine verlässliche, kontinuierlich präsente, vertrauenswürdige, bestärkende und unterstützende Person in ihrem Umfeld vorfinden, die die autonomen Wachstumsprozesse vertrauensvoll stützt, wertschätzend und offen begleitet und nach Möglichkeit nicht moralisiert. Die Wertschätzung der Fähigkeiten und Fertigkeiten des einzelnen Kindes bzw. Jugendlichen ist dabei nicht nur erste Aufgabe für eine derart verlässliche Vertrauensperson in der Familie oder im außerfamiliären Umfeld, sondern auch für Kindergarten, Schule und Berufswelt. Kinder und Jugendliche, welche die Wertschätzung ihrer Person ständig neu und auf allen Ebenen ihres Aufwachsens erfahren, werden aktiver und problemorientierter, und weniger passiv und vermeidend mit äußeren wie inneren Stress- und Problemsituationen umgehen. Sie werden an ihren Aufgaben nicht nur wachsen im Sinne neuer Fähigkeiten, sondern innerlich reicher werden in der Erfahrung eines gelingenden Lebens. Corina Wustmann weist in diesem Zusammenhang zurecht darauf hin, dass das, was dabei für Familie, Umfeld und Bildungseinrichtungen zählt, „keine magischen Fähigkeiten [sind], sondern eigentlich normale menschliche Eigenschaften: Die Fähigkeit positiv zu denken, zu lachen, zu hoffen, dem Leben einen Sinn zu geben, aktiv zu handeln, um Hilfe zu bitten oder Beziehungen zu anderen Menschen zu suchen. Diese Eigenschaften verleihen eine enorme Kraft, auch unter widrigsten Bedingungen zu gedeihen" (vgl. 2007). Es gilt also, diese ganz offensichtlich durch die Lebensbedingungen der postmodernen Gesellschaft verschütteten inneren Schätze mit und für Kinder und Jugendliche wieder frei zu legen und als ihren inneren Reichtum zum Glänzen zu bringen bzw. ihr Inneres durch eine entsprechende Begleitung erst zu ‚Schatztruhen' werden zu lassen.

5.2.1.3 Bedürfnisse erkennen

Der Zettel des Brauchens

Viele kenne ich, die laufen herum mit einem Zettel,
auf dem steht, was sie brauchen.
Der den Zettel zu sehen bekommt, sagt: das ist viel.
Aber der ihn geschrieben hat, sagt: das ist das wenigste.
Mancher aber zeigt stolz seinen Zettel.
Auf dem steht wenig.

Bert Brecht

Wer sich mit Armut befasst, gerät schnell zur Frage von Bedürfnissen und ihrer Befriedigung. Gerade Aspekte der äußeren Armut verführen dazu, vorschnell nach einer Befriedigung von offensichtlichen Bedürfnissen zu schauen. Man ist geneigt, ausgemachte oder empfundene Defizite und Mängel direkt zu beantworten.

Was benötigen Menschen in Armut? Was steht auf ihren „Zetteln des Brauchens" geschrieben? Betrachtet man die Bedürfnisfrage im Zusammenhang mit einem herkömmlichen, materiell orientierten Verständnis von Armut, so scheinen mögliche Antworten im Sinne von Grundbedürfnissen auf den ersten Blick leicht zu geben: Nahrung, Kleidung, ein Dach über dem Kopf, medizinische Versorgung, Arbeit und ein ausreichendes Maß an Schlaf.

Was aber benötigt man für das innere Überleben? Wie sieht Bedürfnisbefriedigung bei ‚innerer Armut' aus? Hat man überhaupt Bedürfnisse, wenn man innerlich arm ist oder ist nicht gerade ‚innere Armut' der Inbegriff davon, nichts mehr vom Leben zu wollen, zu erwarten oder nachzufragen? Ist ‚innere Armut' Ausdruck einer verschobenen Bedürfnisordnung in Kindern und Jugendlichen, wobei unmittelbare, ganz vordergründige Bedürfnisse den Blick auf tiefere Bedürfnisse verstellen?

Sicherlich können Anerkennung und Liebe, Würdigung und Freiheit, aber auch Kunst, Musik und Religion dabei eine bedeutende Rolle spielen. Aber gleichzeitig sind Bedürfnisse von Person zu Person unterschiedlich und prägen sich kulturbedingt wie regional ebenso verschieden aus. Und dennoch gibt es in vielen Ländern bei aller Kulturabhängigkeit und regionaler Ausprägung von Bedürfnislagen eine existentielle globale Gemeinsamkeit:

> „Eine Milliarde Menschen aber hat, ungeachtet aller Kulturabhängigkeit, selbst das notwendigste nicht, kaum zu essen, zu trinken, kaum medizinische Hilfe und Schutz. Die Konsumentenklasse, die im Namen der Selbstbestimmung wissentlich auf Kosten der Selbstbestimmung ungezählter anderer lebt, ist reich ohne Maß" (Thadden 2007, 47).

Hinzu kommt die Gefahr, dass unterschiedliche Bedürfnisgruppen wie materielle Grundgüter, soziale Rechte, moralische Ansprüche und Aspekte innerer Bedürftigkeit allzu oft gegeneinander aufgerechnet werden. Was lässt sich nun also für das Überleben und das Glücklichsein, die

Zufriedenheit und Erfüllung, letztlich also für den inneren Reichtum von Kindern und Jugendlichen auf den Brechtschen „Zettel des Brauchens" schreiben?

Für die Fragen, die sich im Zusammenhang mit inneren Formen von Armut wie Reichtum stellen, scheinen sich die Bedürfnispyramide von Abraham Maslow sowie die Ausführungen von Seev Gasiet nur als bedingt hilfreich zu erweisen. Die auf Forschungsergebnissen beruhenden Überlegungen von Brazelton und Greenspan (vgl. 2002) bieten dagegen einen interessanten Zugang, die Frage nach Bedürfnissen von Kindern und Jugendlichen neu zu stellen und entsprechende Aufgaben mit ihnen und für sie zu entwickeln. Brazelton und Greenspan beschreiben im Einzelnen sieben Grundbedürfnisse:

(1) das Bedürfnis nach beständigen liebevollen Beziehungen

> „Sichere, einfühlsame, fürsorgliche Beziehungen vermitteln Kindern die Fähigkeit zu Vertrauen und Empathie und ermöglichen es ihnen schließlich, ihre Gefühle in Worte zu fassen, über ihre Wünsche nachzudenken und eigenständige Beziehungen zu Gleichaltrigen und zu Erwachsenen aufzunehmen" (Brazelton / Greenspan 2002, 34).

Die emotionale Atmosphäre innerhalb von Familie und anderen sozialen Systemen prägen die kindliche Entwicklung nachhaltig. Emotionale Interaktionen bilden die Grundlage intellektueller Entwicklungen und kognitiver Fähigkeiten, weil über sie eine mehrschichtige, reflexive Auseinandersetzung mit der eigenen Person sowie den sie umgebenden Menschen stattfindet. Aus diesen Interaktionen ergeben sich auch das Gefühl für moralisches Tun sowie die Fähigkeit, an den Gefühlen anderer Kinder und Erwachsener Anteil nehmen zu können. „Wir können nur dann empathisch sein, wenn wir von einem anderen Menschen Mitgefühl und Fürsorglichkeit erfahren haben" (Brazelton / Greenspan 2002, 37). Entscheidend sind aber nicht nur die Erfahrung von Mitgefühl und die Möglichkeit zu emotionaler Interaktion, sondern vor allem das Ausmaß, in dem diese Interaktionen auch gestaltet werden können. Wenn ein Kind das nicht lernt, „kann es auch nicht die Erwartung entwickeln, dass seine Gefühle in der Umwelt eine Reaktion auslösen. (...) Das Kind ist gezwungen, sich in globalere Reaktionen der Wut oder des Zorns, der Angst oder des Vermeidens, des Rückzugs oder der Beschäftigung mit sich selbst zu flüchten" (Brazelton / Greenspan 2002, 40). Ein solches ,Ergebnis' ließe sich wohl als ,innere Armut' bezeichnen.

Es bleibt festzuhalten, dass gerade für Aspekte ,innerer Armut' bedacht werden muss, wie bedeutsam emotionale Beziehungen für das individuelle Verhalten, die Stimmungen und Gefühle sowie für die geistige Entwicklung allgemein sind. Eine Regensburger Studie aus dem Jahre 2006 belegt nun auch den Zusammenhang von emotionaler Sicherheit und Aggressionen. Stress, Belastungen, ein rüder Umgangston oder Gewalt in der Kindheit, so genannter ,early life stress', führen in späteren Jahren zu vermehrten Aggressionen. Nach den Ergebnissen dieser Studie ist es entscheidend, dass Eltern nicht nur viel Zeit, sondern vor allem wertvolle Zeit, mit ihren Kindern verbringen, in der sie „intellektuell gefördert und emotional behütet werden" (vgl. Veenema et. al. 2006).

Damit diese wertvollen Beziehungen zur Realität und einer mitgestaltbaren und nicht nur erfahrbaren Lebenskomponente werden können, der man als Kind mehr oder weniger ausgeliefert ist, schlagen Brazelton und Greenspan vor, vor allem darauf zu achten, dass Kinder und Jugendliche einen strukturierten Tagesablauf leben können, dass ihnen eine entspannte Verfügbarkeit von Zeit fürs Nichtstun zur Verfügung steht und dass sie insgesamt nicht übermäßig viel Zeit alleine verbringen müssen.

(2) das Bedürfnis nach körperlicher Unversehrtheit, Sicherheit und Regulation

Dass in zahlreichen Ländern aufgrund von Krieg und Hungersnöten Kinder nicht ausreichend ernährt werden können, ist nichts Neues. Es soll an dieser Stelle aber nochmals deutlich betont werden, dass es auch in einem reichen Land wie Deutschland tausende von Kindern und Jugendlichen gibt, die hungern oder zumindest eine schlechte, unausgewogene Ernährung aufweisen. Auch die Anzahl der Kinder, die gemeinnützige oder kirchliche Einrichtungen besuchen, um einmal am Tag in Ruhe ein warmes Essen zu sich zu nehmen, steigt permanent an. Materielle Armut gefährdet durch die Bedrängnis, die sie auf verschiedenen Ebenen auslöst, die körperliche Unversehrtheit und Gesundheit der ihr ausgelieferten Kinder und Jugendlichen.

> „Ein weiteres Risiko für die Gesundheit der Kinder ist der emotionale und soziale Stress [also ein inneres Erfahren von Armut] und die Verdrängung menschlicher Interaktionen durch übertriebenen Fernsehkonsum oder stundenlanges Spielen am Computer" (Brazelton / Greenspan 2002, 110).

Dieser vielschichtige Stress kann zu einer inneren Verarmung führen. Aus Untersuchungen an emotional und sozial vernachlässigten Babys und Kleinkindern wurde deutlich, dass sie, hineingeboren und aufgewachsen in äußerlich wie innerlich chaotischen Verhältnissen, äußerst empfindlich auf Geräusche und Berührungen reagieren und dass in der folgenden Entwicklung „ihre Fähigkeit, Handlungen zu planen und sequenzieren, unzulänglich ausgeprägt" (Brazelton / Greenspan 2002, 115) ist. Zudem wirken sie lustlos, eher apathisch und weisen einen niedrigen Muskeltonus auf.

(3) das Bedürfnis nach Erfahrungen, die auf individuelle Unterschiede zugeschnitten sind

Sollen Kinder und Jugendliche Erfahrungen machen können, die auf ihre individuellen Neigungen, Entwicklungen, Interessen und Unterschiede abgestimmt sind, so erfordert dies die Möglichkeiten, dem eigenen Umfeld sozial wie emotional vielschichtig begegnen zu können. Ein Leben in Armut ist aber aufgrund der materiellen Situation meist ein Leben, das sich in Anpassung an bestehende Verhältnisse ausdrückt. Ein Leben in ‚innerer Armut' ist meist ein Leben, das sich im Hinnehmen und Ergeben in bestehende Verhältnisse zeigt.

Neben dieser notwendigen Anpassung an die materiellen und äußeren Lebensgegebenheiten wie beispielsweise beengte Wohnverhältnisse, spielt auch die Anpassung an die Erwartungen, Vorstellungen und Anforderungen der Eltern eine große Rolle. Kinder und Jugendliche müssen aufgrund aller äußeren Bedrängnis meist ‚funktionieren'. Raum und Möglichkeiten für ein Ausleben und Ausprobieren von Fähigkeiten, Unterschieden und Interessen sind oftmals nicht vorhanden und schon gar nicht erwünscht, um den Stress, der sowieso schon ‚auf dem Leben' lastet, nicht noch mehr zu vergrößern. Wo die äußere Bedrängnis groß ist und die Lebensräume eng sind, dort entsteht auch eine innere Bedrängnis und die ‚inneren Räume' drohen ihre Weite zu verlieren.

Dabei weiß man längst, dass „viele überaus wichtige Eigenschaften wie etwa die Fähigkeit, Beziehungen zu anderen Menschen aufzunehmen oder Vertrauen, Intimität und Empathie sowie kreatives und logisches Denken zu entwickeln" (Brazelton / Greenspan 2002, 152), davon abhängen, inwieweit diese Prozesse der Entfaltung individueller Unterschiedlichkeit möglich sind und auch gefördert werden. Es wird daher deutlich, welch große Bedeutung der Art und Weise wie Eltern ihren Kindern begegnen, beigemessen werden muss.

Dass diese Begegnungen in Armuts- wie auch Reichtumslagen überaus belastet und stressbeladen sein können und daher ständig brüchig, fragmentarisch oder gar nicht vorhanden sind, erklärt sich fast von alleine (Brazelton / Greenspan 2002, 154f.). Will man sich den elementaren Prozessen zuwenden, die die Grundvoraussetzungen für individuumsbezogene Erfahrungen darstellen und einen Weg aus ‚innerer Armut' andeuten könnten, kann man Brazelton / Greenspan folgend, sechs Aspekte benennen, die für die pädagogische Arbeit bedeutsam sind:

- Anerkennung der Einzigartigkeit jeden Kindes und Jugendlichen
- intensive Kooperation von Schule und Familie
- Lernen durch dynamisch emotionale Interaktionen
- schulisches Versagen immer wieder verhindern
- in Kleingruppen arbeiten
- tägliche Grundlagenarbeit zur Schulung der Wahrnehmung

(4) das Bedürfnis nach entwicklungsgerechten Erfahrungen

Kinder brauchen eine Umwelt, in der sie entwicklungsgerechte Erfahrungen machen können. In den verarmten Gegenden der Vorstädte und des sozialen Wohnungsbaus genauso wie in den abgeschirmten Villen der Reichen, sind diese Erfahrungen aber nur sehr begrenzt machbar.

Zudem sind Kinder und Jugendliche für diese Erfahrungen auf Eltern angewiesen, die auf liebevolle und empathische Art und Weise Beziehungen mit und zu ihnen leben. Wie sehr das Erleben und Erleiden von extremer Armut oder auch Reichtum Erwachsene vor Schwierigkeiten stellen kann, diese liebevollen Interaktionen dauerhaft zu pflegen, wurde bereits deutlich. Gleichzeitig gilt es noch einmal zu betonen, dass es keine Kausalität und keinen Automatismus zwischen großer Armut, großem Reichtum und ‚innerer Armut' bei Kindern und Jugendlichen gibt – wohl aber Gefährdungen.

Können entwicklungsgerechte Erfahrungen aber nur begrenzt oder gar nicht gemacht werden, verlieren Kinder und Jugendliche ihre innere Sicherheit oder bauen diese gar nicht erst auf. Auch ihre Fähigkeiten zu hören, zu sehen und sich zu konzentrieren, bilden sich oftmals geringer aus als bei anderen Kindern. Ganz deutlich erscheint auch, dass sich die Fähigkeit, sich selbst und anderen nahe und verbunden zu sein, nur bedingt ausprägen kann, da sie diese Erfahrungen oft genug nicht machen. In engem Zusammenhang damit steht die Fähigkeit, zielgerichtet und ohne Worte, nur durch eine vielfältige Mimik und Gestik als Ausdruck emotionaler Vielfalt, kommunizieren zu können. Sind entwicklungsgerechte Erfahrungen aufgrund von äußerer Armut und dem damit verbundenen Stress nur eingeschränkt möglich, so können sich das Problem lösende wie auch das emotionale Denken, die Entwicklung von Phantasie und das Gefühl von Omnipotenz, die Fähigkeit mit Gleichaltrigen zu ‚verhandeln' sowie das Selbstgefühl ganz allgemein gesprochen, nicht oder ebenfalls nur eingeschränkt herausbilden.

(5) das Bedürfnis nach Grenzen und Strukturen

Im Großen und Ganzen herrscht auch bei Fachleuten Einigkeit darüber, dass Kinder und Jugendliche für ihr Aufwachsen und ihre Entwicklung auf Strukturen und Grenzen angewiesen sind. Dass das Leben in verschiedenen Formen von Armut oft genug ein ausschließlich negativ begrenztes ist, oder aber aufgrund der Perspektivlosigkeit ein zerfließendes, also grenzenloses Leben sein kann, wurde an anderen Stellen schon deutlich. Entscheidend für positiv wirkende Grenzen und Strukturen ist abermals die „liebvolle Zuwendung, die dem Kind Vertrauen, Wärme, Intimität, Empathie und ein Gefühl der Verbundenheit mit den Menschen, die es umgeben, vermittelt" (Brazelton / Greenspan 2002, 247). Bauen Grenzen und Strukturen auf diese Art der Zuwendung und Fürsorge, der Erklärung und der Nachvollziehbarkeit auf, haben Kinder und Jugendliche diese schon nahezu verinnerlicht.

> „Die Achtung, mit der die Betreuungspersonen dem Kind begegnen, ermöglicht es ihm, eigene innere Ziele und schließlich Wertvorstellungen zu entwickeln, an denen es sein Verhalten orientiert, so dass es sich auch in Abwesenheit von Autoritätsfiguren zufrieden und sicher fühlen kann" (Brazelton / Greenspan 2002, 250).

Grenzen, die auf Angst, Furcht und Strafe basieren, sind letztlich keine, weil sie situationsspezifisch bleiben und in ihrer Diffusität und emotionalen Überformung kaum generalisierbar sind.

(6) das Bedürfnis nach stabilen, unterstützenden Gemeinschaften und kultureller Kontinuität

Alle bislang aufgeführten Bedürfnisse basieren auf den Bemühungen, Kindern und Jugendlichen ein stabiles, verlässliches und liebevolles Sozialsystem zu ermöglichen. Wie bereits weiter oben deutlich wurde, gilt aber Flexibilität als eine Schlüsselqualifikation für postmoderne Lebensweisen. Letztlich handelt es sich aber eher um eine geschönte, positiv klingende Formulierung für die gesellschaftliche Halt- und Orientierungslosigkeit, in der Kinder, Jugendliche und ihre Familien in sozialer Bedrängnis und Armut aufwachsen müssen. Dass mit den immensen Anforderungen der postmodernen Lebensveränderungen sowie der Vermittlung der Botschaft ‚Du wirst nicht gebraucht' Kindern und Jugendlichen letztlich kein stabiles Familien- und Sozialsystem mehr angeboten werden kann, erscheint nun umso deutlicher. Die als Flexibilität verpackte Instabilität drückt sich nicht nur in sich wandelnden Lebensformen und wechselnden Familienverhältnissen aus, sondern auch in der Unsicherheit, die den jeweiligen Lebensgegebenheiten zueigen ist. Stabile und unterstützende Gemeinschaften lassen sich in Armutslagen schon aufgrund ihrer äußeren Strukturen nur bedingt leben. Noch schwieriger wird es mit der kulturellen Kontinuität und der Tatsache, „dass in vielen Wohngegenden und in den meisten Städten ganz unterschiedliche kulturelle Gruppen mit je eigenem kulturellen Hintergrund leben" (Brazelton / Greenspan 2002, 272). Dies erhöht die Anforderungen an die Entwicklung von Kindern und Jugendlichen zwischen Mangel und Überfluss, sämtliche Aspekte von Verschiedenheit zu akzeptieren, zu respektieren und sie gleichzeitig in das eigene kulturelle Netzwerk zu integrieren.

Was Kinder und Jugendliche in Mangelsituationen betrifft, böte sich für Schulen die Gelegenheit, zum Marktplatz und kulturellen Integrierungshelfer sozial schwacher Viertel zu werden, wenn sie endlich nicht nur vormittags, sondern auch nachmittags für außerschulische Aktivitäten sowie abends für Treffen und Fortbildungsveranstaltungen für Eltern und Angehörige zur Verfügung stünden. Schulen besitzen nicht nur räumlich das Potential, weitaus mehr aus sich zu machen.

> „In vielen Gemeinden und Wohngegenden gibt es gewaltige Probleme. Hier bleiben die Kinder nach der Schule unbeaufsichtigt und geraten in Schwierigkeiten, weil die Eltern sich nicht um sie kümmern [können] oder weil ihnen jede Gelegenheit zu sinnvoller Beschäftigung fehlt. Sie >>lungern<< herum und machen Unfug, statt Sport zu treiben, zu musizieren oder zu tanzen, sich naturwissenschaftlichen Arbeitsgruppen oder Debattierklubs oder anderen Aktivitäten anzuschließen, die konstruktiver wären und sich auch langfristig auszahlen" (Brazelton / Greenspan 2002, 276).

(7) das Bedürfnis nach gesicherter Zukunft

Neben aller materiellen Not geht es bei ‚innerer Armut' stark um Formen emotionaler Deprivation, die mindestens so schlimme Auswirkungen nach sich ziehen können wie physische Entbehrungen. In gewisser Weise ist die ‚innere', die emotionale Armut noch weitaus schlimmer in ihren Auswirkungen, weil „emotionale Entbehrungen (...) den menschlichen Geist und die Fähigkeit, für künftige Generationen zu sorgen" (Brazelton / Greenspan 2002, 296) untergraben.

Das Bedürfnis nach einer gesicherten Zukunft lässt sich nur im Zusammenhang mit allen anderen Bedürfnissen realisieren und stellt die

Gesellschaft mehr denn je vor die Aufgabe, ihr Wirtschaften, ihre Lebensformen und den Umgang mit ihren Mitgliedern zu überdenken und zu verändern. Der Hirnforscher Gerald Hüther weist darauf hin, dass im Gehirn besonders ein Bedürfnis ganz existentiell verankert ist: das Bedürfnis über sich hinaus zu wachsen und gleichzeitig verbunden zu bleiben. Dieses Bedürfnis ist so implizit, so existentiell und so prägend, dass man an seiner Erfüllung bzw. Nicht-Erfüllung ablesen kann, ob sich jemand wohl fühlt und ob ein Leben Sinn, Erfüllung, Wertschätzung und Zuneigung erfährt. Wird es nicht ausreichend gestillt, so kommt es zu inneren Mangelerlebnissen, letztlich zu innerer Verarmung, die sich dann durch Missgunst, Habsucht, Neid, Hass oder Eifersucht nach außen trägt (vgl. Hüther 2007). Martin Heidegger beschreibt das gleiche Bedürfnis in seiner kleinen Schrift „Der Feldweg" auf ähnliche Art und Weise:

> „...wachsen heißt: der Weite des Himmels sich öffnen und zugleich in das Dunkel der Erde zu wurzeln; daß alles Gediegene nur gedeiht, wenn der Mensch gleich recht beides ist: bereit dem Anspruch des höchsten Himmels und aufgehoben im Schutz der tragenden Erde" (Heidegger ⁹1991, 3).

Zu starke negative Erfahrungen und Belastungen können dazu führen, dass Kinder und Jugendliche ein dermaßen negatives Welt- und Selbstbild entwickeln, dass sie die ‚Erdung' verlieren und keinerlei Antrieb mehr verspüren, Aufgaben wahrzunehmen, geschweige denn an ihnen zu wachsen.

5.2.1.4   Eigenbewegungen entwickeln

Die bislang gemachten Ausführungen zeigen auf, dass Kinder und Jugendliche dann bereichert und nicht innerlich verarmt leben können, wenn ihnen Halt, Stabilität und Orientierung auf der einen Seite angeboten werden, und sie auf der anderen Seite ihre Umwelt immer wieder so erleben, dass sie sich schöpferisch, neugierig sowie selbst gestaltend in ihr bewegen und dabei tragfähige Beziehungen aufbauen wie erleben können. Es geht also um die Wahrnehmung und die Bedingungen der Möglichkeit des Ausdrucks der Eigenbewegungen von Kindern und Jugendlichen in gemeinsamen wie individuellen Situationen. Für pädagogische Zusammenhänge ergibt sich im Zusammenhang von Armut und Benachteiligung vielleicht gar nicht so sehr die Aufgabe, Armut zu beseitigen oder zu bewältigen. Vielmehr müsste es darum gehen, sich um eine stärkere Verbindung wie Verbundenheit voneinander getrennter Lebenssituationen zu bemühen, und sie deutlicher als eine Situation erlebbar zu machen. Gerade dort, wo Menschen sich durch einengende, benachteiligende oder eindimensionale Bedingungen isoliert und ohne Verbindungen erleben, gilt es aus pädagogischer Sicht, die Wahrnehmung über die Eingebundenheit in vielfältig individuelle und gemeinsame Lebensbewegungen zu eröffnen. Ausgangslage für ein so geartetes Verständnis im pädagogischen Umgang mit 'innerer Armut' ist die Achtsamkeit auf die Möglichkeiten der Eigenbewegungen von Kindern und Jugendlichen - eingebunden in gemeinsame Situationen und die sich daraus ergebenden Handlungsnotwendigkeiten, ohne in ein oberflächlich wirkendes Sozialtraining zu verfallen.

Versucht man einen genaueren Blick auf diese gemeinsamen Situationen zu werfen, so ließen sie sich mit Horst Rumpf als ein „produktives Spannungsverhältnis" (1995, 54) von Armut und Reichtum beschreiben, ohne jedoch dieses Verhältnis als ein gegensätzliches oder polarisierendes zu begreifen. Es wäre die Gleichzeitigkeit des Vorhandenen im Ganzen zu betonen, in dem (auch) hierarchiefrei vom Leben in Armut als Bereicherung, aber auch vom Reichtum des 'armen' Lebens die Rede ist.

Dies hieße für die Pädagogik ganz konkret, sich immer wieder neu mit 'an den Tisch der Armen' zu setzen und zugleich, dem Wenigen und Unveränderlichen, dem Verarmten und Entleerten verstärkt Wertschätzung zukommen zu lassen sowie in einen gestaltenden und sinngebenden Umgang damit zu finden.

Johann Heinrich Pestalozzi formulierte im 18. Jahrhundert eine „Erziehung zur Armut". Damit wollte er nicht, wie fälschlicherweise oft kritisiert wird, die Position der Reichen stützen, vielmehr wusste er ganz genau, dass seine Schüler nach der Zeit in seiner Anstalt wieder in ihre Verhältnisse zurückkehren würden. Erziehung zur Armut bedeutet daher, „dem Armen zu helfen, die in der Armut liegende Chance zu nutzen und die ärmlichen Lebensverhältnisse als Mittel benutzen zu lernen, und die inneren Kräfte und Anlagen zu entfalten und damit zu einem wahrhaft menschlichen, sittlichen Dasein, und nicht bloß zu Wohlstand zu kommen" (Bruehlmeier 2004).

Kräfte und Anlagen zu entfalten, ist auch Anliegen der Resilienzforschung im Zusammenhang mit Benachteiligung und Armut von Kindern wie Jugendlichen und stellt sicher einen wichtigen Ansatzpunkt dar. Doch Pestalozzi ging es nicht nur um die Entfaltung von Anlagen oder – wie man es heute formulieren würde - die Entwicklung von Kompetenzen, vielmehr sah er menschliches Leben unter dem Blickwinkel der inneren Kräfte und des sittlichen Daseins, in dessen Kontext weder Armut noch Reichtum zum lebensbestimmenden Thema werden.

Ob arm oder reich, das eigene wie das gemeinsame Dasein benötigen eine Sinngebung, die trägt und im Verständnis Emil Kobis gestaltbar ist. In Weiterführung Pestalozzis bedeutete eine Erziehung zur Armut jedoch nicht nur eine Erziehung derer, die man als äußerlich oder innerlich arm bezeichnen würde. Vielmehr bezöge sie sich auch auf alle pädagogisch Tätigen, deren Wahrnehmung und deren professionelles Tun immer wieder neu einer solchen Erziehung bedürfen, um mit und für die ihnen anvertrauten Kinder und Jugendlichen jene Sinngebung zu verwirklichen, die Pestalozzi als existentiell erkannte.

Erziehung zur Armut lässt sich als ein Aspekt des von Horst Rumpf formulierten „produktiven Spannungsverhältnisses" einer individuellen wie gemeinsamen Daseinsgestaltung beschreiben. Ein zweiter Aspekt dieses Spannungsverhältnisses könnte demnach als eine ‚Erziehung zum Reichtum' formuliert werden. Dies bedeutet nicht, Möglichkeiten des materiellen Wohlstandes auszuloten und alles daran zu setzen, aus einer materiell bedrängenden Lage ‚herauszukommen', so bedeutsam dies im einzelnen Fall auch sein mag. Vielmehr betont eine solche Erziehung die ‚be-reich-ernden' Momente der individuellen wie gemeinsamen Situation menschlicher Existenz. In erster Linie ist damit eine eröffnende Erziehung gemeint, die auffordert, etwas zu tun, aktiv zu werden, zu erleben, zu fragen, schöpferisch zu werden wie zu entdecken, und die sich nicht in Maßregelungen und Verboten erschöpft. Die Welt muss sich täglich neu lohnen und im Sinne Paul Moors etwas „verheißen" (vgl. 1960, 232ff.). Es gilt, das Wachsende zu ermöglichen und das Prozesshafte zu betonen.

Dieter Fischer führt vier Formen menschlichen Verhaltens auf, die dem einzelnen Kind und Jugendlichen das Ruder in die Hand geben und damit Eigenbewegungen ermöglichen. Diese vier Formen sind seiner Meinung nach einzuüben wie auch abzuverlangen, in jedem Fall aber sind sie für den Umgang mit ‚innerer Armut' bedeutsam:

(1) das Staunen: etwas Erlebtes kommt von außen auf mich zu, es ist nicht mein eigenes, es dreht sich nicht alles um mich, es spielt sich nicht alles in mir ab; etwas kommt von außen als Herausforderung und Aufgabe auf mich zu

(2) das Handeln: erlaubt vom Erlebten in eine Aktion zu wechseln, wieder beweglich zu werden, mein eigenes Inneres wie das des anderen anzureichern, zu dynamisieren, in Bewegung zu versetzen

(3) das Sprechen: man benötigt möglichst genaue Begriffe; Sprach- und Sprechfertigkeit helfen, Erlebnisse zu ordnen, Erlebtes mit anderen zu teilen

(4) das Deuten: berührt die Frage nach dem Sinn; einer Situation eine andere Deutung geben zu können als die vordergründig aufscheinende, tiefere Zusammenhänge und vielschichtige Dimensionen erkennen, und wenn nicht rational, so doch zu erahnen, zu erspüren (vgl. Fischer 2007).

Wer sich also ernsthaft mit ‚an den Tisch' der äußerlich oder innerlich Armen ‚setzt', ist damit auch aufgefordert, sich mit dem eigenen Verhalten und dem eigenen Inneren zu befassen: welche Haltungen gegenüber Kindern und Jugendlichen werden eingenommen, mit welcher Motivation wird ihnen gegenüber getreten? Wie kann es gelingen, dass aus innerer Armut innerer Reichtum und aus einem entleerten Leben ein erfülltes, ein sinnvolles wird? Wie lässt sich ein Leben in ‚innerer Armut' mitgestalten oder begleiten, wenn der ‚Weg' nicht zu innerem Reichtum führen kann? Welche Wertschätzung erfährt die pädagogische Arbeit durch die Gesellschaft und welche Wertschätzung kann daher an die von Armut betroffenen Kinder und Jugendlichen weiter gegeben werden?

Paul Moor ‚bietet' einmal mehr ‚seine Hilfe an', wenn er ein gelingendes, sinnerfülltes menschliches Dasein in drei Dimensionen charakterisiert: Dem Menschen ist (1) etwas gegeben, (2) etwas aufgegeben und (3) etwas verheißen. Auf eine zeitliche Dimension verkürzt, könnte man auch sagen, dass es (1) ein Herkommen oder eine Vergangenheit des Menschen gibt. In (2) der Gegenwart ist es dem Menschen aufgegeben, sein Leben zu führen, zu gestalten bzw. auch zu bewältigen – und zwar in Hinblick darauf, dass etwas verheißen ist, also (3) Zukunft und Entwicklung zugesagt sind. Wenn Kindern und Jugendlichen aber aufgrund der eigenen Lebenssituation wie ihres Lebensumfeldes nichts (mehr) aufgegeben ist bzw. seitens der Gesellschaft nichts aufgegeben wird, dann werden sie in Baumans Sinne „überflüssig" – für die Gesellschaft wie sich selbst. Ist ihnen dagegen tatsächlich Zukunft zugesagt und in diesem Sinne etwas zugesprochen, dann findet Aufbruch und Entwicklung statt und es können die ‚inneren Hallen' mit den unterschiedlichsten ‚Reichtümern' gefüllt werden. Erfahren Kinder und Jugendliche von etwas oder jemandem einen „Zuspruch des Seins" oder aber wird von ihnen der Zuspruch, der Martin Heidegger zu Folge im Sein des Seins als solchem immanent ist, wahrgenommen und wahrgegeben, dann entsteht Zuversicht, Weite und das Gefühl für die Eigenbewegung: „Der Zuspruch macht heimisch in einer langen Herkunft" (Heidegger [9]1991, 7).

Wo es aber die äußere wie die innere Weite nicht geben kann bzw. dem Einzelnen die Möglichkeiten nicht gegeben sind, diese auch für sich zu entwerfen, dort entsteht ein übernahes Leben, ein Leben, das auf keinen Horizont zuführt. Die kulturelle Prägung des Menschen lässt ihn grundsätzlich in allem und jedem zunächst einen solchen existentiellen Zuspruch erkennen. So trägt beispielsweise ein Stuhl den Zuspruch in sich, dass man sich auf ihn setzen kann. Ein Lehrer trägt den Zuspruch in sich, dass er etwas beibringt und Eltern tragen den Zuspruch in sich, dass sie ihr Kind lieben. Nicht eingelöste oder nicht einlösbare Zusprüche führen in eine existentielle Haltlosigkeit. Wenn der Andere sein existentielles Versprechen nicht mehr in sich trägt oder tragen kann, wenn sich erwarteter Zuspruch aufgrund der individuellen wie auch gesellschaftlichen Lebensbedingungen nicht einstellt, dann verliert das Leben an Bewegung und Dynamik. Bereits die Bibel liefert für diesen existentiellen Zuspruch des Lebens deutliche Hinweise, wenn im Alten Testament Moses das jüdische Volk ins gelobte, also zugesprochene, versprochene Land führt oder Jesus im Neuen Testament sagt: Steht auf und folgt mir nach!

5.2.2 Wiederbehausen: Innenräume – Außenräume

5.2.2.1 Begegnungsräume erschließen

Die Postmoderne erzeugt ihre Verworfenen und Exkludierten. Sie weist ihnen Orte zu, die nach pädagogischem Verständnis keine sind: während sich mehr und mehr Menschen auf den „Abfallhaufen" (vgl. Bauman 2005) in Form entseelter Gettos modernen Wohnungsbaus einrichten müssen, steigt die Zahl derer, die sich ihre Isolationshaft des Luxus täglich neu und ganz freiwillig entwerfen. Auch wenn diese Beschreibung eine Zuspitzung ist, kann wohl Josef Fragner Recht gegeben werden, wenn er attestiert, dass die „Nicht-Orte in unserer Zeit" (vgl. Fragner 1998) steigen.

Das Phänomen der ‚inneren Armut' ist nicht nur ein personales, es ist auch ein gesellschaftliches und damit ein Phänomen der individuellen, vor allem aber der gemeinsamen Orte und Räume. Umso mehr müsste die Pädagogik darauf achten, an ihren Wirkungsorten wie beispielsweise Kindergarten, Schule und Heim, nicht zu einem Aufenthaltsort zu werden, „der sich in ein gleichgültiges Hier" (ders.) wandelt. Die Gefahr eines sich anbahnenden „gleichgültigen Aufenthaltsortes" ist unter den Gegebenheiten und Entwicklungen der postmodernen Gesellschaften zumindest nicht gebannt.

In diesem Zusammenhang wird zudem ein weiterer Aspekt wichtig: Wenn sich pädagogische Orte nicht stärker ihrer Bedeutsamkeit als Lern- und Begegnungsräume für die individuellen wie gemeinsamen Entwicklungen der kindlichen und jugendlichen Mitglieder der Postmoderne bewusst werden, oder aber versuchen, aus einer bloß gut gemeinten, selten aber gut wirkenden Professionalität heraus, das genaue Gegenteil zur äußeren wie inneren Herkunft der ihr anvertrauten Kinder und Jugendlichen darzustellen, ermöglichen sie unbewusst „Raumstrukturen" (ders.), die Erlebnisse schaffen ohne die, die sie erleben.

> „Die Horizonte verarmen, weil sie an Bestimmtheit verlieren und schließlich auf alles und nichts verweisen. (...) Diese Räume sind nur noch Passagen, sie sind keine anthropologischen Räume mehr. Es sind keine Räume mit persönlichen Geschichten und Szenen, es sind keine Räume der Pluralität, es sind entleerte Räume" (ders.).

Eine Antwort auf ‚innere Armut', soziale Benachteiligung und emotionale Bedrängnis, die über konkretes, strategisches Bewältigungsdenken hinausgeht, könnte demnach lauten, die „Suche nach gemeinsamen Bedeutungs-Räumen" (ders.) aufzunehmen und diese in lebensorientierten Lernaufgaben immer wieder neu zu entwickeln und auszuweiten. Diese Aufgaben könnten sich in zwei Richtungen entwickeln: Zum einen müsste es darum gehen, äußerer wie ‚innerer' Armut als Thema wie als Lebensaufgabe Raum zu geben und diesen auch zu gestalten. Zum anderen gilt es jedoch, genau zu beobachten, wie stark Armut bereits ein lebensbestimmendes Thema ist und daher außen wie innen sogar so viel

Raum einnimmt, dass sich keine weiteren Türen zu anderen ‚Lebensräumen' (mehr) öffnen können.

5.2.2.2 Weltberührungen ermöglichen

Erinnert man sich an die beschriebenen Aspekte im Umfeld ‚innerer Armut' zurück, so scheint es bei allen Unterschieden und Einzelschicksalen vielleicht doch so etwas wie ein gemeinsames Merkmal zu geben: den Verlust der Berührung zu sich wie zur ‚Welt' sowie den Verlust, sich von der ‚Welt' berühren und anrühren zu lassen. Daher muss es einer pädagogischen Arbeit, die aus ‚innerer Armut' herausführen, auf jeden Fall aber sich mit ihr auseinandersetzen will, um die „bewusste Kultivierung unserer Verbundenheit mit der Wirklichkeit als Ganzer" (Steidl 2005, 3) gehen: das heißt, um die Fähigkeit, die Wirklichkeit vielfältig und mehrdimensional zu berühren, und wahrzunehmen, auf welch unterschiedlichen Ebenen die Wirklichkeit den Einzelnen berührt und sich gleichzeitig dabei von dieser berühren zu lassen. Die pädagogische Arbeit im Zusammenhang mit ‚innerer Armut' ist demnach vor allem und primär Beziehungs-, Berührungs- und Verbindungsarbeit.

Daraus ergeben sich zwei anthropologische Fragen: zunächst ‚Wer bist Du?' und dann erst ‚Was brauchst Du?', ‚Womit kann ich Dir dienen?' (vgl. Steidl 2005, 4). Es wird deutlich, dass die Bedürfnisfrage in allen Zusammenhängen von äußerer und ‚innerer' Armut wie auch äußerem und innerem Reichtum immer eine sekundäre ist, auch wenn es oft anders scheint. Vielmehr geht es immer wieder neu darum, Kindern und Jugendlichen jemand zu sein, „der mich in meiner unverwechselbaren Not und zugleich in meiner ungebrochenen Würde sieht" (Steidl 2005, 4). Dies klingt einerseits sehr selbstverständlich oder einfach und andererseits doch so schwierig und uneinlösbar. Aber diese Form der Beziehungsarbeit, die in der Personalität und nicht in der Bedürftigkeit des Anderen gründet, entzieht sich allem, was sich gesellschaftlichpostmodern als derzeit nützlich, finanzierbar oder messbar im Zusammenhang von Kindern und Jugendlichen in äußerer wie auch ‚innerer' Armut zeigt.

Von daher könnte sich auch pädagogisches Handeln weiter verstehen als bisher: nämlich immer wieder neu Orte der Miteinanderlernens und Miteinanderlebens als Ort des lebendigen, individuellen wie gemeinsamen Menschseins zu ermöglichen und zu gestalten.

Horst Rumpf hat sich dieser Aufgabe in Hinblick auf den pädagogischen Ort ‚Schule' im Besonderen gewidmet, auch wenn seine Ausführungen sicherlich nicht nur für die Schule bedeutsam sind, sondern weit darüber hinaus weisen. Er fordert von Schule, dass sie sich weniger im Bewältigen von Problemen und Aufgaben anzusiedeln habe als vielmehr eine „Lernkultur des Gewärtigen" (Rumpf 2000, 32) zu eröffnen. Eine so verstandene Lernkultur bedeutet innerhalb schulischer Daseinsgestaltung nicht, in erster Linie Kompetenzen auszubilden, den Umgang mit Problemstellungen zu beherrschen oder gar mit Armut und Benachteiligung mehr oder weniger fertig zu werden. Vielmehr geht es (ihm) in dieser Kultur des Gewärtigen um eine hohe Form der Präsenz eines jeden Einzelnen, aber auch der Gemeinschaft. Horst Rumpf fragt, wie es möglich werden kann, „Weltberührungen" (ders., 23) zuzulassen, die davon zeugen, dass Lebensbewegungen sich auch dadurch auszeichnen, dass sie nicht schnell, geradlinig und verletzungsfrei verlaufen. Wenn Lernstoffe bewältigt, Kompetenzen erworben und schwierige Lebenslagen wie Armut und Benachteiligung durch vorschnelle (Schein)lösungen einseitig zu überwinden versucht werden, dann birgt eine solche Form der „Weltbeherrschung" (ders., 24) möglicherweise die Gefahr eines Verlustes an Weltberührung in sich, womit sich letztlich das verstärkte, was hier in verschiedenen Aspekten als ‚innere Armut' beschrieben wird.

Weltberührungen zuzulassen, heißt auch, in eine andere Präsenz wie Verbundenheit mit der Welt zu kommen: Das Staunen und das Zweifeln, das Betroffensein und das Empfangen, das Anrühren lassen und das Entwerfen, das Öffnen und das Halten. Dies sind neben Kompetenzbildung und Lernstoffbeherrschung im Feld der pädagogischen Daseinsgestaltung existentielle Erfahrungen, die zu Haltungen wie Halt führen können. „Wer nur gelernt hat, mit Hilfe von Wissen [,Kompetenzen und Fördermaßnahmen] Herr von Situationen und Zusammenhängen zu sein, verlernt, die Welt zu berühren" (ders., 24). Stefan Hackl weist in seiner Arbeit über die Bedeutung des Geheimnisses für die Heilpädagogik ganz besonders auf die Notwendigkeit wie Wirksamkeit solcher Berührungen hin:

> „Die Zärtlichkeit der Liebkosung, der Genuss beim Essen, die Ergriffenheit von der Musik oder die Faszination an einem Bild werden dann zur Nahrung, ‚weil die Welt zu empfinden, immer eine Art ist, sich von ihr zu ernähren' (Lévinas 1999, S. 278). Wer sich in dieser Weise zu ernähren weiß, wer neben seiner Intentionalität die Empfindsamkeit zu leben weiß, wird auch die Liebe als Geschenk erleben können. (...) Das Überleben des Ichs ist nur möglich in einer Begegnung, welche im Sinne der Berührung gelebt wird" (Hackl 2006, 100f.).

Im Übrigen gelten diese Sätze nicht nur für Kinder und Jugendliche, die Gefahr laufen zu verarmen oder dies bereits sind. Im Zuge aller Bemühungen geraten wahrscheinlich viel zu oft auch diejenigen aus dem Blick, die mit diesen Kindern und Jugendlichen arbeiten und die sich um eine Beziehungsarbeit der Weltberührungen bemühen. Dies klingt bei soviel Individualisierungstendenzen, Bedürfnisorientierung und Kundeorientierung, wie sie das postmoderne Leben hervorbringt, seltsam, zeigt aber gleichzeitig, dass die Versprechungen dieser Lebensformen am Ende eher die Kaufkraft und den Arbeitwert eines Menschen als seine Personalität und Würde im Blick haben. Dem gilt es pädagogisch entgegenzuwirken, zumindest aber andere Sichtweisen verstärkt zu (re)kultivieren.

5.2.2.3 Bewährung erfahren

Hartmut von Hentig beschreibt in seinem Buch „Bewährung" (vgl. 2006) sechs große, die Gemeinschaft betreffende Bedrohungen unserer Zivilisation. An erster Stelle nennt er die „Entsolidarisierung der Reichen von den Armen" (Hentig 2006, 16). Im Folgenden stellt Hartmut von Hentig die Notwendigkeit dar, dass Kinder und Jugendliche zum einen Gemeinschaft (wieder) als etwas nützliches und beglückendes, etwas wertvolles und sinnhaftes erfahren sollen, und zum anderen erleben können wie es ist, für eine Gemeinschaft mit zu sorgen, Verantwortung zu übernehmen, sich einbringen zu können – schlicht: nützlich zu sein. Es geht ihm darum, „dass junge Menschen erfahren, was eine Gemeinschaft ist, was sie gibt und fordert – eine größere als die Familie, in die sie hineingeboren sind, und eine weniger künstliche und zufällige als die Schulklasse, in die man sie hineinverwaltet hat; sie sollten Gelegenheit haben, als ganze Person die verfasste Gemeinschaft, in und von der sie leben, wahrzunehmen; dieses Erlebnis sollte so sein, dass sie vieles von dem, was sie lernen, für die Aufrechterhaltung dieser Gemeinschaft einzusetzen bereit sind, ja dass sie es zu einem großen Teil um ihretwillen – um ihrer Fortsetzung und Vervollkommnung willen – lernen" (Hentig 2006, 17).

Ganz bewusst richtet sich Hartmut von Hentig mit seinem Anliegen daher auch an Kinder und Jugendliche, die in Mangel oder Überfluss aufwachsen, und die von Teilen einer Gesellschaft oft genug als nicht nützlich empfunden werden bzw. die umgekehrt bisweilen die Gesellschaft, der sie angehören, für überflüssig erachten. Um Gemeinschaft als Solidargemeinde wieder zu stärken, schlägt Hartmut von Hentig zum einen eine entschulte Mittelstufe und zum anderen ein Jahr des Gemeinschaftsdienstes für alle Jugendlichen am Ende ihrer Schulzeit vor. Bei ersterem geht es ihm um Lerngemeinschaften, die außerhalb von Schule stattfinden sollen und in irgendeiner Weise im Dienste einer humanitären Einrichtung bzw. eines entsprechenden Anliegens stehen. Bei seinem zweiten Vorschlag, nämlich alle Jugendliche vor Berufseintritt ein soziales Jahr absolvieren zu lassen, geht es ihm neben dem Dienst an und für die Gemeinschaft vor allem darum, den Gemeinschaftssinn Jugendlicher zu stärken.

Auch wenn Hartmut von Hentig bei seinen Vorschlägen und Visionen Gemeinschaft und Gesellschaft nicht immer klar voneinander zu unterscheiden vermag, so ist sein Grundanliegen hochzuhalten, gerade für Kinder und Jugendliche eine Veränderung herbeizuführen, deren ‚innere Armut' durch die sozial bedrängenden oder auch materiell ausufernden Lebensgegebenheiten, in denen sie leben (müssen), entsteht: Einerseits sollen ihnen Lernerfahrungen ermöglicht werden, die ihnen Selbstvertrauen geben und sie spüren lassen, dass sie in einem gesellschaftlichen Sinne ‚nützlich' sind. Darüber hinaus können sie Gemeinschaft als etwas erfahren, was die Bedingungen der Armut bislang möglicherweise nicht zuließen: Vertrauen und Verantwortung, Zuverlässigkeit und Respekt, Annahme und Teilhabe, inneres Wachsen und Erwünschtsein.

Dass Hartmut von Hentig für sein Buch den Titel „Bewährung" gewählt hat, mag auf den ersten Blick befremdlich erscheinen und eher an Strafvollzug erinnern als an eine Aufgabe für Jugendliche. Im Wort „Bewährung" verbirgt sich ‚Wahrheit'. Die Wahrheit der Bewährung ist dabei in einem ganz positiven Sinn gemeint. Während durch Verwahrlosung (vgl. 4.5), das Leben in einem tieferen Sinne an Wahrheit verliert, der Wahrheit ‚los' ist, deutet das Präfix ‚Be' auf eine Verstärkung, eine Bestätigung und gleichzeitig auf etwas Zukunftsgewandtes hin. Wo Kinder und Jugendliche ihr Leben in verschiedenen Formen von Armut bewältigen (müssen), dort könnten Aufgaben der Bewährung dazu führen, dass sie an der Gesellschaft wachsen - so wie diese an ihnen wächst.

5.2.2.4 Respekt gewähren

„Ich hatte das Gefühl, dass ganz in meiner Nähe,
aber außerhalb meiner Reichweite,
wichtige Dinge geschahen."

Richard Sennett

In welchem Maße eine postmoderne Gesellschaft Teile ihrer Mitglieder verwirft oder exkludiert, hängt stark davon ab, welchen Respekt und welche Würdigung sie bereit wie fähig ist, den je unterschiedlichen Biografien ihrer Mitglieder zu zollen. Bereits mehrfach klang an, dass es für den pädagogischen Umgang mit Kindern und Jugendlichen insbesondere darauf ankommt, dem Einzelnen wie auch sozialen Gruppen gegenseitige Würdigung und Respekt durch Formen der Begleitung, der Gestaltung, der Solidarisierung und der Anerkennung zukommen zu lassen

Richard Sennett weist in seinem Buch „Respekt im Zeitalter der Ungleichheit" besonders auf das Zurückgehen von Respekt für bestimmte soziale Gruppen sowie die Notwendigkeit der Rekultivierung der Respektierung von Lebensläufen hin. Gleichzeitig deckt er Phänomene und Prozesse auf, die auch für die pädagogische Arbeit nicht unwesentlich sind:

> „Ungleichheit kann Unbehagen verursachen, und Unbehagen mag den Wunsch auslösen, eine Verbindung herzustellen, auch wenn diese Verbindung zurückhaltender und schweigsamer Art ist. Diese Gefühlskette erschwert das Vorhaben, jemandem ‚Respekt zu erweisen', der auf der sozialen oder ökonomischen Stufenleiter tiefer steht" (Sennett 2002, 37).

Pädagogische Arbeit als Daseinsgestaltung steht also im Zusammenhang mit ‚innerer Armut' nicht nur vor der Aufgabe, dort, wo Ressourcen knapp sind und Anerkennung durch andere ausbleibt, Wahrnehmung, Achtsamkeit und Verstehen anzubieten. Vielmehr noch müssen sich Menschen in pädagogischen Berufen immer wieder neu bewusst werden, aufgrund ihrer Wahrnehmungen, Einschätzungen und Erwartungen nicht Verbindungen aufzubauen, die eher von Mitleid oder falscher Nachsicht geprägt sind als von Respekt.

Gleichzeitig weist Richard Sennett auf eine weitere wichtige Aufgabe hin. Die Herkunft derer, ob in hohem Maße arm oder reich, die man in welcher Art und Weise auch immer mit ‚innerer Armut' in Verbindung bringen mag, ist nicht als ‚das Schlechte' zu identifizieren und die Pädagogik mit ihren Institutionalisierungen und Handlungsmöglichkeiten als ‚das Gute'. Dies erzeugte eine neue Klasse Verworfener und Exkludierter, mit der sich eine opferbereite Pädagogik zu befassen bereit wäre. Nicht nur, dass solche Polarisierungen stark in die Richtung von Lösungen erster Ordnung weisen, viel mehr noch gilt es, „den Wert der eigenen Herkunft herauszustellen [im Sinne einer Anerkennung und Respektierung] – niemand kann ein wirklich neues Leben anfangen, wenn er die Vergangenheit hasst" (ders., 50).

Gerade im Zusammenhang von Respekt und Würde soll noch einmal darauf hingewiesen werden, dass sich ‚innere' wie äußere Armut nicht einfach durch die Herbeiführung des Gegenteils bewältigen lassen.

> „Radikale Anhänger des Gleichheitsgedankens behaupten manchmal, wenn sich in den materiellen Bedingungen Gleichheit herstellen ließe, werde sich ein wechselseitig respektvolles Verhalten spontan und gleichsam natürlich einstellen. Diese Erwartung ist psychologisch naiv" (ders., 78).

Es ist wohl ein bedeutendes Moment gemeinsamer Bildungsarbeit, Ungleichheiten herauszustellen und zu artikulieren, nicht im Sinne eines Vergleiches, sondern in der Bewusstwerdung des So-Seins, wie es auch Emil Kobi für die heilpädagogische Daseinsgestaltung formuliert hat. „Ich plädiere hier nicht dafür, Ungleichheit zu akzeptieren oder sich damit abzufinden; ich sage lediglich, dass Gegenseitigkeit im sozialen Leben wie in der Kunst Ausdrucksarbeit verlangt. Sie muss dargestellt und aufgeführt werden" (Sennett 2002, 79), um eine sich verändernde Wahrnehmung in postmodernen Gesellschaftsstrukturen anbahnen zu können.

Respekt und Würde sind wesentliche Momente pädagogischer Professionalität. In einem so komplexen Feld wie dem der ‚inneren Armut', laufen Kinder und Jugendliche Gefahr, in ihrer Personalität hinter den Phänomenen verloren zu gehen. Der Schritt von Fürsorge, Begleitung und gemeinsamer Gestaltung hin zu Bevormundung und Fremdbestimmung ist nur ein ganz kleiner, so dass er meist viel zu schnell und zu unbedacht gegangen wird. „Armut ist oft mit beachtlichen persönlichen Qualitäten verbunden. Abhängigkeit nur selten" (ders., 129).

5.2.3 Wiederbehausen: pädagogische Räume

5.2.3.1 Lernen kultivieren

Die für pädagogische ‚Räume' Verantwortlichen, ob wissenschaftlich oder praktisch, haben sich bislang kaum damit befasst, wie sie sich ‚einzurichten' haben, um Kindern und Jugendlichen, die in den verschiedenen Lebenslagen der Postmoderne in unterschiedlichen Dimensionen der Armut aufwachsen oder in Berührung kommen, eine stabile, innere Behausung anbieten zu können. Diese Behausung, um der es der Pädagogik verstärkt gehen müsste, könnte von einer Lernkultur geprägt sein, die mit Kindern und Jugendlichen Begegnungs- und Bedeutungsräume, und dadurch Weltberührungen schafft. Otmar Preuß beschreibt im Zusammenhang des großen pädagogischen ‚Raumes' Schule sehr genau, was es heißt, eine solche Lernkultur zu gewärtigen:

> „Schule halten meint, dass ein bestimmter Ort, der einer Aufgabe dient, vom Lehrer gehalten wird, nicht wie eine Stellung gegenüber Belagerten, wie es heute oftmals den Anschein hat, sondern in dem Sinne, dass dieser Ort Halt hat, dass in ihm oder an ihm etwas gehalten wird, das von lebenswichtiger Bedeutung ist – und der Lehrer die Person ist, die das hält. (...) Wenn Kinder und Jugendliche sich in der Schule gehalten fühlen oder gehalten wissen, ist das etwas Großartiges. Es ist das, wodurch Schule ihre eigentliche Bedeutung gewinnt" (Preuß 2001, 11).

Preuß geht es über die Schule hinaus durch ein solches Miteinander um das Aufgeben „der reduktionistischen, machtorientierten Menschenbilder, die bisher die Arbeit von Menschen mit Menschen bestimmt haben" (ders., 16) und den Gewinn einer Lernkultur, in der alle Beteiligten voneinander lernen, da sie „nichts mehr gegeneinander machen, sondern sich begleiten" (ders., 16).

Menschen in pädagogischen Berufen könnten sich demnach noch stärker als Begleiter von Kindern und Jugendlichen verstehen und ihnen in bestmöglicher Weise das bereithalten, von dem sie annehmen, dass es für ihre innere Entwicklung von Bedeutung ist und dass es die aktuelle Situation erfordert.

Gleichzeitig gilt es wohl, noch eine weitere Perspektive für die pädagogische Arbeit mit Kindern und Jugendlichen im Zusammenhang ‚innerer Armut' zu eröffnen. Schnell können sie im Zuge gesellschaftlicher Exklusionsprozesse in Zuschreibungen geraten, die aus ihnen ‚emotionale Krüppel', ‚entseelte Wesen' und letztlich ‚Problemkinder' machen. Es wäre schon eine große Leistung, wenn sich die pädagogische Wissenschaft sowie die unterschiedlichen Formen pädagogischer Institutionalisierungen nicht mehr länger von mittelschichtorientierten Denk-, Interpretations- und Bewertungsmustern leiten ließen, die letztlich entwürdigende Zuschreibungen versteckt stützen anstatt sie aufzulösen und der Herkunft und den Entwicklungsgeschichten von Kindern und Jugendlichen wertfrei zu begegnen. Gelänge dies mehr und mehr, so hätten sich äußere wie ‚innere' Armut als möglicher Ausdruck eindimensionaler Perspektivenbildung wie als reduktionistische Zuschreibung schon ein Stück weit ‚aufgelöst'.

Es wird also für jegliche pädagogische Professionalität deutlich, dass es nicht nur darum gehen kann, Kinder und Jugendliche in ihren spezifischen äußeren wie inneren Situationen wahrzunehmen oder sich um ein Verstehen zu bemühen, sondern in hohem Maße darum, sich selbst, die eigene Person, als Teil eines pädagogischen Prozesses genauer wahrzunehmen und zu verstehen. Von daher könnte ein pädagogisches Angebot gelingen, das nicht Armut oder Reichtum, Benachteiligung oder

Begünstigung, Beeinträchtigung oder Begabung in den Vordergrund pädagogischen Tuns stellt.

„Diese Haltung zum Ausdruck zu bringen, ist eine geistige Leistung, die der integralen Bewusstheit entspricht. Auch unter den gegebenen Bedingungen (...) können Sie das verwirklichen; dies gilt unter allen Bedingungen; es ist die Art und Weise, *wie* Sie die (...) [Kinder und Jugendlichen] begleiten, wie Sie den Menschen schlechthin begleiten" (ders. 155).

Otmar Preuß beschreibt in seiner Verschränkung von Lehrer und Schüler für den Kontext von Schule, was Barbara Koch-Priewe angewandt auf das Fünf-Stufen-Modell der Professionalisierung von Dreyfus und Dreyfus (1986) zusammengestellt hat: Sowohl „der gewandt und geübt handelnde" Pädagoge als auch der Pädagoge als „Experte" verfügen über ein „holistisches Verständnis der Prozesse" sowie eine „holistische Wahrnehmung und integrierte Auffassung von Situationen" (Koch-Priewe 2002, 311ff.). Damit drückt sich im Zusammenhang von Schule letztlich auch aus, dass in Kindern und Jugendlichen, die in inneren Verhältnissen leben, die gemeinhin als ‚arm' bezeichnet werden können, eine Ahnung heranwächst, weshalb sie zur Schule gehen und welche Aufgaben sie in dieser Schule haben. Ob Schule oder andere pädagogische ‚Räume' – immer geht es darum, Kindern und Jugendlichen dazu zu verhelfen, „ihre Aufgaben zu finden, sie anzunehmen und sich dafür zu entscheiden, und die dafür notwendigen Fähigkeiten und das [in der jeweiligen Situation] notwendige Wissen zu entfalten" (Preuß 2001, 155).

5.2.3.2 Lösungen verwirklichen

‚Innere Armut' als Phänomen, als Prozess wie als Anfrage an alle pädagogisch Tätigen benötigt wohl auch innere Antworten so wie äußere Armut auch äußere, beispielsweise materielle, Antworten benötigt und bisweilen auch erfährt.

‚Innere Armut' hängt stark von den Erfahrungen und Verbindungsmöglichkeiten ab, die Kinder und Jugendliche als Ergebnis ihrer Weltbegegnungen aufweisen. Eine erfolgreiche ‚Bewältigung' von ‚innerer Armut' heißt auch, sich mit diesen personalen Ergebnissen sowie den eigenen, konkreten wie auch weitergerichteten Bedürfnissen nicht unbedingt zufrieden zu geben, wohl aber, sich mit ihnen auszusöhnen.

Für diese innere Versöhnungsarbeit sind Kinder und Jugendliche in erster Linie auf Beziehung und Begleitung angewiesen, denn Bewältigung kann nur von Angesicht zu Angesicht stattfinden.

In seinem Aufsatz „Bildung für Kellerkinder" (2007) gibt Gotthilf Hiller durch veränderte Bildungsvorstellungen wichtige Hinweise zum Umgang und damit zur Lösung des ‚Rätsels' ‚innere Armut'. Dabei steht für Hiller an erster Stelle die Frage nach den existentiellen Grundbedingungen wie –bedürfnissen von Kindern und Jugendlichen in ihren jeweiligen Lebenslagen. Die Fragen danach, ob ein Kind satt ist oder saisongemäße Kleidung zur Verfügung hat oder nachts in Ruhe schlafen kann, sind nicht nur von Sozialpädagogen oder Streetworkern zu stellen, sondern von allen Professionellen, die an Bildungsprozessen für und mit Kindern und Jugendlichen beteiligt sind. Darauf aufbauend, fordert Hiller „milieutaugliche, also nicht-bürgerliche Bildungskonzepte, die an die Lagen der jungen Menschen anschlussfähig sind und ihnen zu allererst Kenntnisse und Fertigkeiten zur Bewältigung [und Gestaltung] ihres komplexen Alltags und zur nachweislich effektiven Bearbeitung ihrer praktischen Probleme vermitteln" (Hiller 2007, 6). Solche Bildungskonzepte kommen nicht umhin, realistische, ernst nehmende und zugleich zukunftsgerichtete Blicke auf die Lebenslagen, die Erfahrungen und biografischen Wege von Kindern und Jugendlichen zu werfen – und das, ohne durch eine mittelschichtorientierte Brille zu blicken. Erst dann werden sich Scham und Schweigen; Hilflosigkeit und Resignation aufzulösen beginnen und an Bildung wie Ausbildung Beteiligte als sachkundige Ratgeber wie Helfer nachgefragt werden. Dies bedeutet auch, dass Kinder und Jugendliche in den unterschiedlichen Prozessen ‚innerer Armut' Menschen brauchen, die sich längerfristig und ernsthaft auf sie und ihre individuellen Lebensbewegungen einlassen. Diese Prozesse zielen sicherlich auch immer wieder in ein Niemandsland, das jenseits zugeschriebener oder erlernter Professionskompetenzen wie Zuständigkeitsbereiche liegt.

> „Wer in jungen Menschen, die Gefahr laufen, ausgegrenzt zu werden, weil sie von allem, was man zum Leben braucht, erkennbar zu wenig haben, einen Teil seines Geldes investiert, wer sie teilhaben lässt an seinen kulturellen Fähigkeiten, Daseinskompetenzen und Gütern und die Güter und den Reichtum und Nutzen seiner sozialen Beziehungen zu ihren Gunsten mobilisiert, der handelt nicht nur präventiv insofern, als er von innerer und äußerer Verwahrlosung bedrohte Kinder und Jugendliche neu einbindet und beansprucht, wer so handelt, betreibt auch Prävention im Blick auf sich selbst: Durch die vorsätzlich interesselose Bindung an junge Menschen entschärfen sowohl der leistungsfähige, mobile und flexible Single, den die Wirtschaft allenthalben zum Ideal erhoben hat, wie auch das aus freien Stücken kinderlos bleibende Ehepaar die Dramatik ihrer Selbstisolation, die spätestens im Alter auf die einst Agilen in bedenklichen Formen der Vereinsamung zurückzuschlagen droht" (Hiller 2007, 6f.).

Aus diesem eröffneten Horizont heraus, muss für den pädagogischen Bereich die Frage erlaubt sein, ob die bereits vorhandenen Möglichkeiten zur Gestaltung eines gelingenden und innerlich ‚be-reichernden' Lebens ‚für alle' in Formen institutionalisierter Pädagogik bislang nicht falsch gewichtet und dementsprechend unzureichend beantwortet wurden. Es drängt sich zudem die Frage auf, inwieweit genau diese Institutionen eher zu Verschärfung und Stützung von ‚innerer Armut' beitragen anstatt ihr entgegen zu wirken.

Zu den hier aufgeführten Bausteinen einer Wiederbehausung für Kinder und Jugendliche in inneren Notlagen, führen im Sinne konkreter Lösungsvorschläge unter anderen die nachfolgend skizzierten pädagogischen Wege. Diese eröffnen sich als Aufgaben für Kinder und Jugendliche gleichermaßen wie für ihre (pädagogischen) Begleiter:

- mit verschiedenen Altersgruppen, Schichten und Lebenslagen in Berührung kommen, Kenntnisse über diese erwerben und Erfahrungen mit ihnen machen

- in altersgemischten Lernsituationen Aufgaben und Verantwortungen für sich und andere übernehmen
- Fähigkeiten und Fertigkeiten erwerben, das Leben immer wieder selbst in die Hand nehmen zu können
- mit den eigenen Lebensgeschichten, Zukunftsvorstellungen und gegenwärtigen Aufgaben wie Anliegen ernst genommen und unterstützt werden
- Fragen an die Welt, die Gesellschaft, ihre Menschen und das Leben im Allgemeinen wie im Speziellen entwickeln bzw. zurückgewinnen sowie Antworten erfahren und finden
- bemerken, dass es individuelle wie gemeinsame Aufgaben gibt, die übernommen werden können und an denen man individuell wie gemeinschaftlich wachsen kann
- spüren, dass es individuelles Tun im Gemeinsamen gibt, an dem man nicht nur selbst wächst, sondern das auch auf einen zuwächst und so zur tiefen Verbundenheit von Person und ‚Welt' beiträgt
- immer wieder neu erleben, dass es ein existentielles Interesse im Sinne der Zugewandtheit, der Würdigung und Nachfrage an der eigenen Lebensgeschichte gibt – dieses Interesse aber auch selbst entwickeln und zum Ausdruck bringen (können)
- durch die Kultur des Zusammenwirkens, durch Unterstützung und Dialog in pädagogischen Institutionen für das Zusammenwirken in Beziehungen, Familien und der Gesellschaft im Allgemeinen lernen
- sich Kultur und Lebenskultur in ihren vielfältigen Erscheinungsformen bewusst werden, sie kennen lernen, hinterfragen und kontinuierlich durch eigene Gestaltung fortsetzen (können)

6   Begegnungen

„Denn wir essen Brot,
aber wir leben vom Glanz."

Hilde Domin

Vielfach ist aus gesellschaftspolitischen Kreisen zu hören, man müsse ‚der Armut von Kindern und Jugendlichen begegnen'. Gemeint ist damit meistens, man müsse etwas gegen die materielle Armut von Kindern und Jugendlichen tun. An finanzpolitischen Konzepten dazu mangelt es in letzter Zeit nicht.

Armut aus pädagogischer Sicht zu begegnen, heißt aber zuallererst, den Kindern und Jugendlichen ganz unmittelbar und persönlich zu begegnen, die wie auch immer von Armut betroffen sind. Die menschliche Begegnung zu suchen und zu gestalten, ist eindeutig die erste Aufgabe – und ein erster Weg aus innerer Verarmung, weil innere wie äußere Isolation durch Begegnungen aufgebrochen werden können.

Der Armut zu begegnen, der äußeren wie der ‚inneren', hieße auch, sich auf eine Dimension der Begegnung zurückzubesinnen, die in den Wandlungen der postmodernen Gesellschaften nahezu untergegangen ist: „fürsorgliche Nachbarschaft" (vgl. Mayer 2006). Kaum einer, der sich derzeit wissenschaftlich mit Bildungsarmut und Chancengleichheit, mit Schichten, Lebenslagen und Ressourcen von Kinder und Jugendlichen aus unterschiedlichen sozialen Schichten befasst, denkt darüber nach, wie sich Bildungsinstitutionen, Kindergärten, Tagesstätten und allen voran die Schulen, welche nachmittags und abends leer stehen, zu Zentren der Begegnung und Fürsorge wandeln könnten. An die isolierten, manchmal wenig integrierten und so verarmenden Kinder und Jugendlichen des Wohlstands wird sowieso nicht gedacht, weil es diesen im Sinne des postmodernen Kapitalismusparadigmas gut geht.

„Selbst zu Wirtschaftswunderzeiten wurden kühl ganztägige Krippen, Kindergärten und Schulen verweigert, zu teuer, Kinder!, die heute, in Zeiten der Krise, den Kindern der Ärmsten ein sicherer Hafen, eine Gegenwelt, eine Schule der Solidarität sein könnten und auch Kindern der oberen Schichten gut täten" (vgl. Mayer 2006).

Hier könnte sich ‚Gesellschaft' tatsächlich begegnen, es käme zu Weltberührungen (vgl. 5.2.2.2) im wahrsten Sinne des Wortes und Respekt (vgl. 5.2.2.4) könnte eingeübt werden. Die Mitglieder einer Gesellschaft könnten sich im Sinne Hartmut von Hentigs tatsächlich „bewähren" (vgl. 5.2.2.3).

Kinder und Jugendliche, ob materiell arm oder reich, die in den Realitäten einer postmodernen Gesellschaft aufwachsen, laufen Gefahr, aus den Bezügen der Achtung und Verbindlichkeit heraus zu fallen – sind doch Unverbindlichkeit und Uneindeutigkeit maßgebliche Charakteristika dieser Entwicklungen. Wer aus diesen Bindungen und Verbindlichkeiten heraus fällt bzw. wem diese nicht mehr angeboten werden oder sich nicht mehr zeigen, achtet weder sich noch andere, verwahrlost, verarmt innerlich und empfindet zunehmend weniger dabei, sich und Andere zu verletzen. „Sie sind [, die Kinder und Jugendlichen,] – wenn man so will – Spiegelbild oder Resultat einer kritischen gesellschaftlichen Entwicklung, die eigentlich auf mehr Wohlstand für jeden gerichtet war, inzwischen aber viele überfordert und benachteiligt" (Speck 1996, 178). Ein Verlust an Halt, Orientierung und Sinngebung, wie dies in den vorangegangenen Kapiteln immer wieder verdeutlicht wurde, können die Folge sein.

„Welche Chancen haben sie für ihre Zukunft? Woher sollen sie die Motivation für moralisches Verhalten beziehen, wenn ihre Lebensperspektiven verdüstert sind? Sind sie nicht die schlechthin Unterlegenen, wenn sie sich in dieser Ellenbogen-

Gesellschaft nicht auch anpassten und mitmachten, um sich zu behaupten" (Speck 1996, 176)?

Und wer begleitet diese Kinder und Jugendlichen dabei? Wer sorgt dafür, dass sie und ihre Familien nicht auf den ‚Müllhalden' der Exkludierten landen, sondern findet mit und für sie Wege, die ihnen eine sinnerfüllende Lebensgestaltung ermöglichen?

> „Wo sind die Familien [, die Pädagogen und gesellschaftlichen Rahmenbedingungen], die sich in dieser überlegten Weise erzieherisch engagieren und die in der verwirrenden Vielfalt von Werten und Normen heute die passenden Antworten (...) finden" (Speck 1996, 176)?

Es wird ein wenig deutlicher, was damit gemeint ist, aus pädagogischer Sicht ‚innerer Armut', Armut überhaupt, zu begegnen. Diagnosen, Pathologien und Rechtsforderungen sind sicher nicht verkehrt, aber sie reichen nicht aus, wenn Kinder und Jugendliche nicht immer wieder neu in ihrem Personsein „als der unmittelbar ansprechende" (Speck 1996, 182) Mensch wahrgenommen, gewürdigt und begleitet werden.

Auch wenn der Versuch unternommen wurde, dem Phänomen wie auch den Prozessen ‚innerer Armut' und Verarmung in seinen unterschiedlichen Facetten und Aspekten näher zu kommen, bleibt vieles vage, unfassbar und geradezu abstrakt.

‚Innere Armut' entzieht sich im Gegensatz zu äußerer Armut dem Charakter der Offensichtlichkeit. Was ins Innere gelangt, was sich dort abspielt oder auch nicht - es bleibt Außenstehenden und nicht selten auch den jeweiligen Kindern und Jugendlichen selbst verborgen und unzugänglich. Was ‚innere Armut' ist, bleibt also letztlich unbestimmbar, auch wenn die ein oder andere Annäherung gelungen sein mag.

Dies entbindet die pädagogisch Tätigen aber nicht von ihrer Verantwortung, Kinder und Jugendliche mit ihren ganz eigenen inneren Nöten zu begleiten. Es gilt dafür nicht ungedingt, alles zu bergen und an die Oberfläche zu fördern, ans Licht zu zerren und zu entreißen, was im Verborgenen liegt. Es gilt aber wohl, sich mit und für Kinder und Jugendliche um das Gefühl und das Wissen einer inneren Geborgenheit in sich und in ihren jeweiligen (postmodernen) Lebenszusammenhängen nach Kräften zu bemühen. Wie das immer wieder neu und dennoch verlässlich gelingen kann, fällt nicht einfach zu beantworten.

Pädagogische Formen der Begleitung müssten Kindern und Jugendlichen ermöglichen, Bilder von der ‚Welt' zu gewinnen, die facettenreich, vielfältig und letztlich zuversichtlich gefärbt sind: an denen sie sich im ursprünglichsten Wortsinn ‚bild-en' und ‚be-reich-ern' können. Doch alles, was bislang über ‚innere Armut' gesagt werden konnte, scheint eher mit eindimensionalen, reduzierten und entwertenden Bildern und ‚Bild-ungsangeboten' zu tun zu haben.

Innerlich reich sind Kinder und Jugendliche wohl nur so lange, wie die inneren Bilder in ihnen lebendig bleiben und sich mit der ‚Welt' und den sie umgebenden Menschen positiv, kreativ, wohlwollend und zutrauend verbinden. All diejenigen, „denen die Probleme über den Hals wachsen, (...) haben kaum eine Chance, ihren bisherigen Schatz an inneren Bildern zu erhalten oder gar zu erweitern. Sie leben in einer Welt, in der der [innere] Notfall zum Normalfall geworden ist" (Hüther 2006, 123f.). Es könnte demnach aus pädagogischer Sicht darum gehen, Kindern und Jugendlichen Angebote zu machen, die in ihnen innere, weltverbundene Bilder entstehen lassen, und die sich wie „gewachsene Blumen abpflücken und zu einem neuen Blumenstrauß innerer Bilder zusammenbinden [lassen], wenn sich die Verhältnisse ändern und neue Anforderungen auf [sie] zukommen, zu deren Bewältigung größere und weitere Ideen und Vorstellungen gebraucht werden" (Hüther 2006, 111).

Kinder und Jugendliche dabei begleiten zu können sowie sich von ihnen auf ihre innere ‚Schatzsuche' mitnehmen zu lassen, ist nicht nur Ausdruck existentieller, spannender wie auch anstrengender Bildungsarbeit, sondern macht auch innerlich reich. Aus dieser Erfahrung wie Aufgabe heraus, lässt sich dem Philosophen Emmanuel Lévinas zustimmen, wenn er formuliert: „Die Beziehung zum anderen Menschen, sie ist ein schönes Wagnis! (WDR 1990)". Dieses Wagnis immer wieder neu einzugehen und zu gestalten, nicht leichtfertig, aber mutig, könnte dazu beitragen, dass sich Kinder und Jugendliche durch eigene Orte und Aufgaben sich selbst wie auch einer Gesellschaft, innerlich wie äußerlich als zugehörig und verbunden erleben.

Literaturverzeichnis

Arndt, Christian / Volkert, Jürgen: Amartya Sens Capability-Approach – Ein neues Konzept der deutschen Armuts- und Reichtumsberichterstattung. In: Vierteljahreshefte zur Wirtschaftsforschung 75 2006 (1): 7 - 29

Baudelaire, Charles (1980): Blume des Bösen. Frankfurt: Insel

Bauman, Zygmunt (2005): Verworfenes Leben. Hamburg: Hamburger Edition

Beetz-Rahm, Sybille / Denner, Lieselotte / Riecke-Baulecke, Thomas (Hrsg.) (2002): Jahrbuch für Lehrerforschung und Bildungsarbeit 3. Weinheim, München: Juventa

Benyoetz, Elazar (1979): Eingeholt. Neue Einsätze. München: Hanser

Bourdieu, Pierre (2001): Wie die Kultur zum Bauern kommt. Hamburg: VSA-Verlag

Brazelton, Berry / Greenspan, Stanley (2002): Die sieben Grundbedürfnisse von Kindern. Weinheim, Basel: Beltz

Bruehlmeier, Arthur: Pestalozzis Gedankenwelt. Zweibändige Ausgabe für die Volksrepublik China. Zitiert aus www.bruehlmeier.info/armut. Aufgerufen am 29.03.2004, 14.45 Uhr

Büchel, Felix / Diewald, Martin / Krause, Peter / Mertens, Antje / Solga, Heike (Hrsg.) (2000): Zwischen drinnen und draußen. Wiesbaden: VS Verlag, Leske und Budrich

Bude, Heinz / Willisch, Andreas (2006): Das Problem der Exklusion. Ausgegrenzte, Entbehrliche, Überflüssige. Hamburg: Hamburger Edition

Bude, Heinz / Willisch, Andreas (2006): Das Problem der Exklusion. In: Bude, Heinz / Willisch, Andreas (Hrsg.) (2006): 7 - 27

Byrne, David (1999): Social Exclusion. Buckingham: Open University Press

Castel, Robert: Die Fallstricke des Exklusionsbegriffs. In: Mittelweg 36. Hamburg 2000a (3)

Castel, Robert (2000b): Die Metamorphosen der sozialen Frage. Eine Chronik der Lohnarbeit. Konstanz: Uvk

Chitre, Dilip (2006): Bombay Quartett. München: A1-Verlag

Coring, Christine / Isaak, Sevgi / Mayrhofer, Nina / Möckel, Herbert / Peszleg, Peter / Scherer, Tanja / Schmitt, Heike (Hrsg.) (2003): Das Buch des Scheiterns. Berlin: taz

Dahrendorf, Ralf (1979): Lebenschancen. Anläufe zur sozialen und politischen Theorie. Frankfurt a. M.: Suhrkamp

Doehlemann, Martin (1991): Langeweile? Deutung eines verbreiteten Phänomens. Frankfurt a. M.: Suhrkamp

Domin, Hilde (1987): Gesammelte Gedichte. Frankfurt a. M.: S. Fischer

Durth, Rainer / Körner, Heiko / Michaleowa, Katherina (Hrsg.) (2002): Neue Entwicklungsökonomik. Stuttgart: UTB

Ehrenberg, Alain (2004): Das erschöpfte Selbst. Depression und Gesellschaft in der Gegenwart. Frankfurt a. M.: Campus

Europäische Kommission (2004): Gemeinsamer Bericht über die soziale Eingliederung. Generaldirektion Beschäftigung und Soziales. Brüssel

Evangelische Obdachlosenhilfe e. V. (2007): Arme habt ihr allezeit. Hamburg: Hansisches Druck- und Verlagshaus

Fischer, Dieter (2006): Genießen als Einladung wie als Herausforderung für Heilpädagogen samt deren „Adressaten". Unveröffentlicht. Igersheim

Fischer, Dieter (2007a): Vier Formen menschlichen Verhaltens. Unveröffentlicht. Igersheim

Fischer, Dieter (2007b): Gedanken zur Inneren Armut. Unveröffentlicht. Igersheim

Fragner, Josef: Vorwort – Begegnungs-Raum und Eigen-Zeit. In: Behinderte in Familie, Schule und Gesellschaft. Graz 21. 1998 (2)

Gaschke, Susanne: Die ‚innere Armut'. In: Die Zeit 55. 2000 (41)

Gerhardt, Volker (1999): Selbstbestimmung. Das Prinzip der Individualität. Stuttgart: Reclam

Glaser, Danya: Emotional abuse and neglect (psychological maltreatment): A conceptual framework. In: Child Abuse Neglect 26. 2002: 697f

Goldthorpe, John: Globalisierung und soziale Klassen. In: Berliner Journal für Soziologie 13. 2003 (3)

Grampp, Sven: Der Mittagsdämon zu Besuch im Vorabendprogramm. In: aviso. München 2007 (2)

Groh-Samberg, Olaf: Armut in Deutschland verfestigt sich. In: Wochenbericht 74. 2007 (12)

Hackl, Stefan (2006): Ach wie gut, dass niemand weiß, … Heilpädagogische Reflexionen zum „Geheimnis". Schriftliche Hausarbeit. unveröffentlicht. Würzburg

Häußermann, Hartmut / Kronauer, Martin / Siebel, Walter (Hrsg.) (2004): An den Rändern der Städte. Frankfurt a. M.: Suhrkamp

Hentig, Hartmut von (2006): Bewährung. Von der nützlichen Erfahrung nützlich zu sein. München: Hanser

Heidegger, Martin (⁹1991): Der Feldweg. Frankfurt a. M.: Vittorio Klostermann

Herkommer, Sebastian (Hrsg.) (1999): Soziale Ausgrenzungen. Gesichter des neuen Kapitalismus. Hamburg: VSA

Herrmann, Bernd: Vernachlässigung und emotionale Misshandlung von Kindern und Jugendlichen. In: Kinder- und Jugendarzt 36. 2005 (6)

Hill, Oscar (Ed.) (1970): Modern Trends in Psychosomatic Medicine Volume 2. London: Butterworth-Heinemann

Hiller, Gotthilf Gerhard: Bildung für Kellerkinder. In Vierteljahresschrift für Heilpädagogik und ihre Nachbargebiete. München 76. 2007 (1)

Hills, John / Le Grand, Julien / Piachaud, David (Ed.) (2002): Understanding Social Exclusion. Oxford: Oxford University Press

Hochschild, Michael: Im neuen Weinberg Europas. Auszug aus dem Referat an der Nationalen Stiftung der Politikwissenschaften in Paris, vor der Conferentia Transalpina Franciscana in Straßburg am 10. Oktober 2005.
In: www.mzf.org/publik/gh/gh985.htm. Aufgerufen am 21.09.2006 um 15.47 Uhr

Holz, Gerda / Hock, Beate (1999): Armutslagen von Kindern und Jugendlichen in Deutschland am Ende des 20. Jahrhunderts. In: SOS-Dialog. Forum. München: Sozialpädagogisches Institut im SOS-Kinderdorf e.V.

Hornstein, W. (1985): Jugend. Strukturwandel im gesellschaftlichen Wandlungsprozeß. In: Hradil, Stefan (Hrsg.) (1985): Sozialstruktur im Umbruch. Opladen: Leske und Budrich

HR2 (2006): Die armen Reichen. Problem Oberschicht. Redaktion ‚Der Tag'. Rundfunkbeitrag. Wiesbaden

Hübinger, Werner (1999): Prekärer Wohlstand. Spaltet eine Wohlstandsschwelle die Gesellschaft? In: Aus Politik und Zeitgeschichte. B 18. 1999

Hüther, Gerald: Das natürliche Substrat geistiger Prozesse: Neurobiologische Voraussetzungen der Suche des Menschen nach Sinn. Vortrag, gehalten auf dem Kongress „Wissenschaft und Spiritualität. Neue Perspektiven für die Erziehung". Freiburg i. Br. 27. Juli 2007

Hüther, Gerald (2006): Die Macht der inneren Bilder. Wie Visionen, das Gehirn, den Menschen und die Welt verändern. Göttingen: Vandenhoeck & Ruprecht

Hurrelmann, Klaus / Ulrich, Dieter (Hrsg.) (1991): Handbuch der Sozialisationsforschung. Weinheim: Beltz

Kluge, Friedrich (1948): Das etymologische Wörterbuch. Berlin: Walter de Gruyter & Co.

Kobi, Emil (1988): Heilpädagogische Daseinsgestaltung. Luzern: Edition SZH

Koch-Priewe, Barbara (2002): Der routinierte Umgang mit Neuem. Wie die Professionalisierung von JunglehrerInnen gelingen kann. In: Beetz-Rahm, Sibylle / Denner, Liselotte / Riecke-Baulecke, Thomas (Hrsg.) (2002): 311 - 324

Kohli, Martin (1991): Lebenslauftheoretische Ansätze in der Sozialisationsforschung. In: Hurrelmann, Klaus / Ulrich, Dieter (Hrsg.) (1991): 299 - 317

Krishnamurti, Jiddu (1981): Leben. Frankfurt a. M.: Fischer

Kronauer, Martin (1999): Die Innen-Außenspaltung der Gesellschaft. Eine Verteidigung des Exklusionsbegriffs gegen seinen mystifizierenden Gebrauch. In: Herkommer, Sebastian (1999): 60 - 72

Kronauer, Martin (2002): Exklusion. Die Gefährdung des Sozialen im hoch entwickelten Kapitalismus. Frankfurt a. M., New York: Campus

Kuhn, Thomas (1962): Die Struktur wissenschaftlicher Revolutionen. Frankfurt a. M.: Suhrkamp

Kumpfmüller, Michael (2003): Durst. Köln: Kiepenheuer und Witsch

Kurzke, Hermann: Lebensinhalt im Tetrapak. In: Frankfurter Allgemeine Zeitung am 07.10.2003

Maaz, Hans-Joachim (2005): Der Lilith-Komplex. München: dtv

Matuschek, Ingo (1999): Zeit und Devianz. Zeitorientierung, Langeweile und abweichendes Verhalten bei Jugendlichen. http://edoc.hu-berlin.de/dissertationen/matuschek-ingo-1999-07-19/PDF/Matuschek.pdf. Aufgerufen am 13.04.2007 um 15.36

Maughan, Barbara (1989): School experiences as risk/protective factors. In: Rutter, Michael et. al. (Ed.) (1989): 200 - 220

Mayer, Susanne: Seelenlos, gnadenlos. Wenn das Elend die Familien zerstört, dann muss der Staat sie Kinder schützen, sogar vor den eigenen Eltern. In: Die Zeit 43. 2006. Hamburg

Mayrhofer, Nina (2003): Scheit für Scheit. In: Coring, Christine / Isaak, Sevgi / Mayrhofer, Nina / Möckel, Herbert / Peszleg, Peter / Scherer, Tanja / Schmitt, Heike (Hrsg.) (2003): o. S.

Minkmar, Nils: Der öffentliche Mann. In: Frankfurter Allgemeine Zeitung vom 12. Mai 2007. (10) Z4

Moor, Paul (1947): Umwelt, Mitwelt, Heimat. Eine heilpädagogische Studie über die Faktoren der Entwicklungshemmung und über das Wesen der Verwahrlosung. Hausen a. A.: Landerziehungsheim Albisbrunn

Müller, Thomas (2005): Armut von Kindern an Förderschulen. Beschreibung und Analyse des Phänomens der Armut von Kindern an Förderschulen sowie empirische Untersuchung seiner Wahrnehmung bei Förderschullehrern. Hamburg: Dr. Kovac

Müller, Thomas / Cramer, Barbara: Armut von Kindern im Grundschulalter. Ein aktuelles Problem darf nicht länger ignoriert werden. In: Die Deutsche Schule. Braunschweig 8. 2006 (3): 311 - 321

Müller, Thomas: Armut von Kindern an Förderschulen. Zur Wahrnehmung eines vielschichtigen Phänomens durch Lehrer an Förderschulen. In: Behinderte in Familie, Schule und Gesellschaft. Graz 29. 2006 (1): 42 - 55

Nemiah, J. C. / Sifneos, P. E.: Affect and fantasy in patients with psychosomatic disorders. In: Hill, Oscar (Ed.) (1970): 26 - 34

Nolte, Paul (2006): Riskante Moderne. Die Deutschen und der neue Kapitalismus. Bonn: Bundeszentrale für Politische Bildung

Olmi, Veronique (2002): Meeresrand. München: Kunstmann

Pape, Tom: Was ist Burnout? In: www.das-burnout-syndrom.de/burnout_Def.htm. Aufgerufen am 13.05.2007 um 11.15 Uhr

Podak, Klaus: Unterwegs zum Seienden im Ganzen. In: aviso. München 2007 (2)

Preuß, Otmar (2001): Schule halten. Vom Abenteuer Lehrer zu sein. München: Rainer Hampp Verlag

Pfreundschuh, Wolfram: Skizzen zu einer Erkenntnistheorie der Kultur. Internetversion 9.0. aufgerufen am 13.02.2007 um 11.11 Uhr

Rawls, John ([4]1988): Eine Theorie der Gerechtigkeit. Frankfurt a. M.: Suhrkamp

Revers, Wilhelm Josef (1985): Psyche und Zeit. München: Pustet

Rilke, Rainer Maria (2004): Duineser Elegien. Stuttgart: Reclam

Rohr, Wulfing von / Weltzien, Diane von (1993): Das große Lesebuch der Mystiker. München: Goldmann

Rumpf, Horst: Von der Stoffbeherrschung zur Weltaufmerksamkeit. In: Wicke, Erhard / Messner, Rudolf (Hrsg.) (1995)

Rumpf, Horst: Vom Bewältigen zum Gewärtigen. In: Beiträge zur integralen Weltsicht. Vol. XV. 2000: 21-34

Rutter, Michael / Maughan, Barbara / Mortimore, Peter / Ouston, Janet (Ed.) (1989): Fifteen thousand hours: Secondary schools and their effects on children. London: Open Books Publishing

Schanze, Katrin: Verlassen von allen guten Geistern. Gedanken zu gewaltsamen Kindstoden in Deutschland. In: Info 3. Anthroposophie im Dialog 9. 2007 (2)

Schenk, Martin: Im untersten Stockwerk. Kinderarmut in Österreich: Zukunft trotz(t) Herkunft!
In: http://vbg.kinderfreunde.at/data/vbgadmin/Martin_Schenk_-_Kinderarmut.pdf. Aufgerufen am 06.07.2007 um 16.00 Uhr

Schneider, Manuel: Für eine l(i)ebenswerte Zukunft. In: www.schweisfurth-stiftung.de 2007 Aufgerufen am 01.08.2007 um 13.36 Uhr

Schmidbauer, Wolfgang(⁹2006): Die Angst vor Nähe. Reinbek bei Hamburg: Rowohlt

Schulze, Gerhard (1992): Die Erlebnisgesellschaft. Kultursoziologie der Gegenwart. Frankfurt a M.: Suhrkamp

Sen, Amartya (2002): Ökonomie für den Menschen. Wege zu Gerechtigkeit und Solidarität in der Marktwirtschaft. München: dtv

Siggelkow, Bernd: Viele Kinder verwahrlosen. In: Die Zeit. Hamburg 62. 2007 (39)

Simone (26 Jahre): Ascheregen. In: Evangelische Obdachlosenhilfe e.V. (Hrsg.) (2007): 65

Solga, Heike (2006): Ausbildungslose und die Radikalisierung ihrer sozialen Ausgrenzung.
In: Bude, Heinz / Willisch, Andreas (Hrsg.) (2006): 121 - 146

Speck, Otto (1996): Erziehung und Achtung vor dem Anderen. München: Ernst Reinhardt

Speck, Otto (1999): System Heilpädagogik. München: Ernst Reinhardt

Steidl, Roland: Wie spirituell darf soziale Arbeit sein? Vortrag, gehalten bei der Festtagung „10 Jahre Soziale Initiative". Linz 23.06.2005

Thadden, Elisabeth von: Was braucht der Mensch? In: Die Zeit. Hamburg 62. 2007 (28)

Thalhammer, Manfred (Hrsg.) (1986): Gefährdungen des behinderten Menschen im Zugriff von Wissenschaft und Praxis. München: Ernst Reinhardt

Thimm, Walter: Kritische Anmerkungen zur Selbstbestimmungsdiskussion in der Behindertenhilfe. In: Zeitschrift für Heilpädagogik. Würzburg 48. 1997 (6): 222 - 232

Uehlecke, Jens: Kein Gefühl, nirgends. In: Die Zeit. Hamburg 61. 2006 (2)

Unicef (2007): Unicef-Bericht zur Situation von Kindern in Industrieländern. Köln: Unicef

Veenema, Alexa / Blume, Annegret / Niederle, Daniela / Buwalda, Bauke / Neumann, Inga: Effects of early life. Stress on adult male aggression and hypothalamic vasopressin and serotonin. In: European Journal Neuroscience 24. 2006 (6): 1711-1720

Vogel, Berthold (2006): Soziale Verwundbarkeit und prekärer Wohlstand. Für ein verändertes Vokabular sozialer Ungleichheit. In: Bude, Heinz / Willisch, Andreas (Hrsg.) (2006): 342 - 355

Wecker, Konstantin: Anstelle eines Schlusswortes. In: Evangelische Obdachlosenhilfe e. V. (Hrsg.) (2007): 154 - 155

Werner, Emmy: Risk, resilience and recovery: Perspectives from the Kauai Longitudinal Study. In: Development and Psychopathology 5. 1993, 503 - 515

Werner, Emmy & Smith, Ruth (Ed.) (1982): Vulnerable but Invincible: A Study of Resilient Children. New York: Adams Bannister Cox Pubs

WDR (1990): Liebesweisheit. Emmanuelle Lévinas und die Philosophie des Anderen. Köln

Wicke, Erhard / Messner, Rudolf (Hrsg.) (1995): Antiquiertheit des Menschen und Zukunft der Schule. Weinheim: Dt. Studien-Verlag

Wustmann, Corina: Die Blickrichtung der neueren Resilienzforschung. www.forumbildung.de/templates/imfokus.de. Aufgerufen am 09.01.2007 um 9.27 Uhr.

Yunus, Muhammad (2006): Für eine Welt ohne Armut. Bergisch Gladbach: Bastei Lübbe

Zenke, Karl: Paten für Schüler/innen der Hauptschule im Übergangsprozess zur Ausbildung: Aufbauhelfer für kulturelles Kapital. In: Lehren und Lernen. Zeitschrift für Schule und Innovation in Baden-Württemberg. Villingen-Schwenningen 2006 (10)